Le petit mercure

Collection créée par Colline Faure-Poirée

Françoise Dolto

Mère et fille
Une correspondance

(1913-1962)

Lettres choisies et présentées
par Muriel Djéribi-Valentin
Notes de Muriel Djéribi-Valentin
et Colette Percheminier

Mercure de France

Les lettres composant ce volume, à l'exception des deux inédites, ont été initialement publiées dans *Lettres de jeunesse. Correspondance, 1913-1938* (texte réunis et annotés par Colette Percheminier, édition revue et augmentée) et *Une vie de correspondances, 1938-1988* (édition établie, annotée et présentée par Muriel Djéribi-Valentin), respectivement parus aux Éditions Gallimard en 2003 et 2005.

ISBN 978-2-7152-2893-1

PRÉFACE

Ce halo d'ombre et de lumière

L'entretien accordé par Françoise Dolto à Bernard Pivot en 1987[1] surprend à plus d'un titre. Partant de ce qu'elle vient de révéler de sa jeunesse dans l'album *Enfances*[2], il décrit avec émotion un destin digne d'une héroïne de conte, celui d'une fille persécutée jusqu'à l'âge de vingt-quatre ans par une mère violente et profondément névrosée. Cette vision pathétique, gravée dans les mémoires des téléspectateurs, fait souvent oublier qu'au cours de ce même entretien elle n'a pas manqué de corriger qu'elle doit justement à cette mère-là d'être devenue ce qu'elle est. Volte-face qui laisse Pivot perplexe mais nous invite aujourd'hui à res-

1. *Françoise Dolto*, DVD, réal. N. Ribowski, janvier 1987, Gallimard/Ina, coll. « Les grands entretiens de Bernard Pivot », 2004.
2. *Enfances*, texte de Françoise Dolto, « Les yeux ronds », transcription d'une conversation entre Françoise et Catherine Dolto en novembre 1978, photos d'Alécio de Andrade, Seuil, 1986 ; coll. « Points actuels », 1988.

ter attentifs aux nuances subtiles que déploie le parcours proposé dans ce choix de lettres échangées entre 1913 et 1962, soit pendant presque cinquante ans. Elles démontrent en tout cas qu'entre elles deux, le combat certes est difficile mais qu'il s'accomplit et s'achève à armes égales.

Françoise Dolto aura grandement contribué à dépeindre sa mère sous des traits fort peu sympathiques, l'accusant d'avoir aggravé sa docilité infantile par une éducation qui la coupait d'ouvertures sur le monde extérieur. Cette correspondance en porte évidemment les traces. En 1922, séparée de ses enfants dans l'attente de son dernier accouchement, Suzanne, telle cette mère qu'elle dit « rétro[1] », entretient le refoulement sexuel de Françoise, jeune fille de quatorze ans, maintenue dans une enfance prolongée, en s'empressant d'intervenir vigoureusement auprès d'elle afin d'effacer au plus vite de sa mémoire les révélations sexuelles désastreuses sur sa pureté de la « conférence » de son cousin Tiny[2]. On peut pourtant aisément imaginer quel intérêt décuplé Françoise et Tiny lui-même, dont la mère Geneviève vient d'accoucher avant Suzanne, por-

1. Dans ce même entretien avec Bernard Pivot.
2. Lettre du 19 septembre 1922. Tiny, Jacques-Étienne Œmichen, est le fils de Geneviève, sœur de Suzanne de huit ans sa cadette.

tent à ces « choses que tu n'as pas encore besoin de savoir[1] ». Par contre nous savons combien depuis deux ans ont été rendues présentes à Françoise les choses de la mort. Vécues par elle en première ligne après la disparition de Jacqueline, elle a supporté le délire de sa mère qui fit d'elle, cette « autre fille », le centre négatif de sa folle douleur, en la désignant comme responsable parce que ses prières, lors de sa communion, se sont révélées inefficaces.

Pourtant, à cette mère, Françoise va toujours reconnaître aussi d'immenses qualités dont celle d'avoir mis à sa disposition des trésors de vitalité et d'intelligence, même si, précisait-elle encore, elle y résistait de toutes ses forces. En effet, il nous faut en convenir à la lecture de ces lettres, le partage se fera entre elles deux dans une certaine clarté. Heureusement, Suzanne se connaît bien. Elle s'accuse souvent d'une certaine rudesse à l'égard de sa fille : « ... rien de mièvre ni de très féminin peut-être, [...] que veux-tu, on fait ce qu'on peut. Mais tu dois sentir que dans la vie tant que j'aurai un atome de souffle et de vitalité tu me trouveras toujours comme une bonne amie pour partager les tuiles, les joies ou les coups de collier, cela vaut quelque chose [...][2]. » De son côté, Françoise qui part tou-

1. *Ibid.*
2. Lettre inédite de 1927.

jours à son secours se plaint généreusement de se sentir gourde face à elle : « Je ne me suis pas montrée digne de toi, de ton énergie, de ta volonté, de ta grandeur morale ; [...] Je me rends compte de tout ce qui me manque en comparaison de toi[1] [...] » La réponse immédiate de Suzanne l'arrête aussitôt : « Mais je n'ai pas de grandeur d'âme. [...] Quoi que je sois, il ne faut pas essayer de m'imiter, vois-tu. Il faut que tu continues l'évolution commencée en cherchant dans le fond de ton être ton véritable "toi". Il sera peut-être un peu semblable à mon "moi" [...] mais il faut être toi-même. Tu es bien plus douée que moi [...][2]. »

Il arrive que cette correspondance se mette même parfois en contradiction avec le témoignage tardif de Françoise Dolto. Les séjours à la Bastide en 1931 et 1933, chez les Delebecque, qu'elle décrit souvent en forçant le trait, concernant Suzanne, de la mère abusive qui ne peut se passer de son rejeton et qui l'accable de reproches[3], apparaissent à la lumière de ces lettres sous des couleurs bien plus clémentes. Il n'est pas sûr du tout que, comme le racontera Françoise bien plus tard, Suzanne ait été alors si hostile à ses voyages dans le Midi. Ce Midi

1. Lettre du 26 juillet 1934.
2. Lettre du 27 juillet 1934.
3. *Enfances, op. cit.*, p. 53-54.

restera pour Françoise la destination d'un bonheur fondamental, auquel se confond celui des séjours, deux ans après, chez son psychanalyste à la Roquebrussanne où elle redécouvre ce même bonheur : celui de l'éveil des sens et de l'intelligence, de la joie d'être jeune et solide, et de pouvoir s'ouvrir au monde avec d'autres jeunes en s'éloignant des siens. Au contraire les lettres de Suzanne disent sans réticence son plaisir de la savoir passer enfin du bon temps avec des jeunes gens de son âge et ne manquent pas de tempérer sa fille qui continue de lui écrire tous les jours comme quand elle était petite : « j'ai beaucoup de remords que tu t'infliges une pareille besogne pour me faire plaisir. Je t'en *supplie* quand tu n'as pas le temps ou que tu n'en as pas envie ne m'écris pas. Je ne veux pas que ce soit une corvée. Tu sais que je suis ravie de te sentir contente[1]. » Elle n'est pas dupe non plus quand Françoise, boudant son plaisir à rester quelques jours de plus, se plaint faussement de ne pouvoir faire autrement sous prétexte qu'elle doit absolument rendre visite à une vieille tante des Delebecque, un être absolument rare, une « sorte de sorcière » qui vaut le détour. Suzanne lui coupe l'herbe sous le pied et l'enjoint sur-le-champ à ne pas hésiter à rester.

1. Lettre du 23 septembre 1931.

Et pourtant, on le sait, il y eut d'abord et aussi les ténèbres ! Dès le début, quand Suzanne s'adresse à sa toute petite fille, « Ma bonne fille » devient trop souvent « Ma pauvre Vava », plus tard encore : « Pauvre vieille ! », sans s'inquiéter le moins du monde de la misère qu'elle fait endosser à sa fille. De quelle misérable vieille suppose-t-elle déjà l'empreinte dans cette enfant aux idées saugrenues, si énergique et difficile à suivre dans ses activités innombrables qu'elle en décourage toutes les aides à la maison ? Dans leurs échanges, revient sans cesse ce point noir sur lequel on les trouve souvent dans un accord parfait : désignée âprement de l'une à l'autre, dénoncée même dans ses agissements et ses gémissements à longueur de temps, la grand-mère maternelle Do et ses plaintes infantiles et décourageantes : « Ta grand'mère est toujours aussi lamentable[1] ! » dit Suzanne. Refrain repris par Françoise pour qui c'est toujours Do qui répand autour d'elle ce « halo d'opacité hostile[2] » auquel elle fait toujours allusion quand il s'agit de la névrose qui touche durement sa mère et sa

1. Lettre du 1er octobre 1931.
2. Lettre de Françoise à Henry Marette, 21 juillet 1940, n° 53, dans Françoise Dolto, *Une vie de correspondances, 1938-1988*, édition établie, annotée et présentée par Muriel Djéribi-Valentin, Gallimard, 2005, p. 54.

tante Geneviève, les accusant de devenir alors des « Do multipliée par 10 ». Depuis la mort à la guerre en 1916 de son fils Pierre, Henriette Marguerite Demmler dite Do prolifère au centre d'un deuil qui envahit l'espace familial. Françoise elle-même, à huit ans, « petite fiancée » de correspondance pour son oncle Pierre, ne s'est-elle pas sentie un temps « veuve de guerre » ?

Cela aussi, Suzanne le sait bien, appelant Françoise à sa rescousse. Elle seule peut l'aider. D'ailleurs, ne l'a-t-elle pas déjà fait depuis la mort de Jacqueline ? : « Je t'en supplie si je deviens pareille, préviens-moi, prends-moi entre quatre yeux et aide-moi à bifurquer sur une autre voie[1]... »

En 1938, alors que Françoise a elle-même « bifurqué » en faisant des études de médecine et en allant jusqu'au bout d'une psychanalyse qui l'a enfin libérée de sa culpabilité mortifère lui permettant de devenir psychanalyste, Suzanne répond à sa fille. Celle-ci, qui lui écrit avant de s'embarquer seule pour la Grèce, suscite sa mémoire. En souvenir revient à Suzanne la jeune fille de dix-huit ans qu'elle était et qui se devait d'accompagner en voyage d'affaires son père malade vers la même destination : « ... j'ai retrouvé il y a un mois toute

1. Lettre du 25 septembre 1931.

ma correspondance avec maman lettres d'elle et de moi pendant ce voyage que j'avais aussi oubliées et qu'elle m'avait rendues lors de mon mariage. Il ressort de tout cela que mon unique souci était la santé de papa dont je lui relatais les plus petits détails. Elle de son côté clouée à Paris par des pertes constantes comptait entièrement sur moi quoi qu'il puisse arriver, et me relatait à son tour tous les méfaits de ma pauvre sœur "Tote[1]" alors qui était à la veille de sa première communion et odieuse et dont je m'occupais entièrement à Paris, [...] en relisant je revivais l'histoire d'une autre que je trouvais bien mûre pour ses dix-huit ans... De tout ce voyage il ne m'est resté que les impressions du premier contact avec la beauté grecque à un âge où les enthousiasmes sont immenses, et les conversations très sérieuses avec un père âgé et malade qui comptait absolument sur son aînée pour toute sa famille[2]. »

En 1938, Henriette Marguerite dite Do meurt. Peut-être le temps est-il venu pour Suzanne, au moment où Françoise, encore seule dans sa vie, s'apprête à voler de ses propres ailes, de se souvenir de la jeune fille de dix-huit ans qui dut faire

1. Surnom de Geneviève.
2. Lettre inédite du 19 août 1938.

taire « ses enthousiasmes immenses » pour répondre aux attentes anxieuses des membres de sa famille. Françoise, elle, aura su traverser le « halo d'opacité hostile » qui la maintenait prisonnière avec sa mère. Elle le fit, comme elle ne cesse de le répéter, en ressentant une grande compassion pour elle, sa mère dont elle comprenait la souffrance de fille. Ce temps long de l'acquisition de l'identité féminine ne se déroule pas sans une certaine violence qui ne s'élabore que « grâce à la mère et contre elle, tout à la fois[1] ».

Muriel DJÉRIBI-VALENTIN

1. Nicole Belmont, « Postface » à *Sous la cendre. Figures de Cendrillon : anthologie*, édition établie et postfacée par Nicole Belmont et Elisabeth Lemirre, coll. « Merveilleux », Corti, 2007, p. 379.

Généalogie de Françoise Dolto*

Henri Marette
(1838-1880)

Marie-Charlotte Landry
(1844-1921)

Charlotte
« tante Charlotte »
(1872-1942)
mariée à
Abel Jamas

Élisabeth « Babeth »
(1903-1965)
mariée
à Chemin

Richard
(1896)
marié
à Hedwige

Louise
(1866-1909)
mariée à Ruze

Charlotte
(1891-1956)
mariée à
Raymond
Dauvin

**Henry-Eugène
Marette**
(4.8.1874
21.5.1947)

*mariés le
12 juin 1901*

Jacqueline
(12.4.1902
30.9.1920)

Pierre
(31.12.1903
22.3.1981)
marié à
Yvonne
Hurel

Nicole, « Nic »
ou « Nicky»
(1931)

Jean
(4.6.1906
18.5.1985)
marié à
Jacqueline
Painvin

** Il s'agit d'une généalogie simplifiée, établie afin de faciliter la lecture de ce recueil de correspondance.*

Eugène Secrétan
(1837-1899)

Cécile Overnay
« Dan mé Étan »
(1839-1925)

mariés en 1859

Arthur Demmler
(1844-1912)

Henriette Marguerite Secrétan
« Dan-mé » ou « Do »
(1860-1938)

Paule
(1863-1954)
mariée à Bethmont
en 1887

Geneviève
(1871-1955)
mariée à Arbola
en 1894

– **Suzanne Demmler**
(4. 10. 1879
20. 1. 1962)

Pierre « oncle
Pierre »
(1886-1916)

Geneviève
« tante
Geneviève »
(1887-1974)

Étienne Œhmichen
(?-1955)

mariés en 1909

Jacques-Étienne
« Tiny »
(1911-1958)

Jean-Pierre
(1922)

Françoise
Marette
« Vava » ou
« Dadla »
(6.11.1908
25.8.1988)

Philippe
« Fifi », ou
« Phil»
(14.3.1913
15.7.1993)

André
« le Goth »
ou « Pierrot »
(27.12.1915
26.12.2005)
marié à
Suzanne
Horent

Jacques
« Poulet »
(21.9.1922
25.4.1984)
marié à
Marie-Claude
Gilberton
marié à
Celia Braga

mariés le 7 février 1942

Boris Dolto
(22.7.1899
27.7.1981)

Jean « Carlos »
(20.2.1943
17.1.2008)

Grégoire
(28.11.1944)

Catherine
(05.8.1946)

DE SUZANNE MARETTE

Ma bonne fille[1],

Je t'envoie le portrait d'un petit chien aussi mal élevé que Philippe. Il fait une chose horrible : j'espère que tu ne sais pas comment cela s'appelle. Et sa nurse chien est très choquée ! C'est très bien d'avoir dit ce que tu avais fait de mal. Je pense que tu ne disputeras plus. Dans ta prochaine lettre, tu me diras si tu as été contente de ton œuf. Si tu es sage je t'écrirai souvent. Demain ton lit va s'en aller dans la grande maison et puis le lit de ta poupée aussi. J'ai vu une petite Vava dans la rue aujourd'hui et je me suis demandé si tu penses à moi ?

À SUZANNE MARETTE

Chère maman

J'ai été méchante tout le matin et puis après pas. Je te remercie bien de l'œuf et puis de la surprise et de la carte que tu m'as envoyée ce matin. Et j'ai trouvé que le petit chien faisait un pied-de-nez. Je t'embrasse très fort.

Françoise

À SUZANNE MARETTE

13 août 1915

Ma chère maman,

J'ai été sage hier mais, en faisant ma tranchée[2], j'ai salie[3] ma robe et Mademoiselle n'en a fait mettre une autre ce matin et je l'ai salie encor alors, Mademoiselle m'a privé de desert ce matin.

Tante Geneviève s'est baignée ce matin avec Pierre et Jacqueline et quand tante Geneviève est sortie, il pleuvait alors, nous sommes restée sous le parasole pendant que tante Geneviève s'abiais et après nous sommes rentré dans la cabine rangé ses affaires.

Et après nous somme rentrée a la maison et tante Geneviève ma donner son parapuie parceque nous avions les panamas.

J'ai fait un très profond trou que je voudrais changé en trenchée.

Tante Geneviève m'a acheté un téléfone et à Jean un sifflet et à Tiny[4] un bateau.

Je t'embrasse bien fort.

Françoise Marette

DE SUZANNE MARETTE

Septembre 1915

Ma pauvre Vava[5],

Moi aussi j'ai pleuré de savoir que tu avais encore pleuré, et Papa a pleuré de me voir pleurer et nous avons tant hurlé que la concierge est montée et qu'elle a pleuré aussi de nous voir pleurer, alors toute la maison a pleuré.

Aussi je t'en prie, ne pleure plus.

Je suis contente que Célestin[6] soit là. Soyez sages pour qu'il puisse se promener avec Louise et ne faites pas trop d'ouvrages aux autres.

Je t'embrasse, je ne sais pas quand je rentrerai.

À SUZANNE MARETTE

12 septembre 1915

Ma chère maman,

J'ai été sage ce matin et je n'ai pas pleuré nonplu.

Nous avons été à la Messe de 8 heur, nous allé dejeunér a saint-arnout et sa m'ennui que tu ne soit pas la parceque je suis sur que tu serait contente di venir.

Sa doit ennuyér de ne pas venir dejeune sur l'herbe tu amusrait.

Je te remercie beaucoup de ta médaille Militaire que j'étais contente de la resevoir j'ai écri a Manette[7] avant de t'écrire.

Ma chère maman je tacherait de ne plus pleuré pour que tu ne pleure plus ni papa ni la concierge.

Je voudrait que tu revienne bientôt et que papa vienne aussi parce que je voudrais qu'il vienne avec toi.

Fifi et très content d'avoire reçut une lettre de toi. l'oncle Pierre ma écri et quand tu reviendra je te la montrerer.

Louise et allé ce promener hier avec Celestin tout seule et elle avait enlever sais bottines et Celestin aussi et il alait dans l'au a suivre le vague et Louise a vut une grande sole et elle la prise avec ces mains pour la faire cuire.

Je tembra bien fort.

Françoise

DE SUZANNE MARETTE

Voilà, ma bonne Vava, le portrait de la Légion d'Honneur que portera oncle Pierre sur sa poitrine avec la Croix de Guerre quand il reviendra en général pour se marier avec toi[8]. Tu seras fière ce jour-là. Mais pour mériter cela, il faut apprendre à ne plus jamais pleurer. Une femme de général, ça ne pleure jamais. Mme Bideau contente de sa pelote que je lui ai donnée hier.

Elle va t'écrire. Je t'embrasse.

Maman

À SUZANNE MARETTE

6 août 1916

Chère maman,

J'ai été très sage depuis que j'ai su que Monsieur Auguste était mort comme l'oncle Pierre[9]. Espérons qu'il ira le trouver au ciel Je coud la dentelle aux alpins de madame Guoguel il sera fini demain et envoyé il faut que je me dépêche. Voudra tu donner a mademoiselle Susanne[10] la raquette qui est pour moi qui est dans le baut enface le petit bureau. le temps s'est remis. J'ai perdu un paquet de cigarettes à mademoiselle alors une autre fois j'en achéterai un pour elle. Je t'embrasse.

Françoise

À SUZANNE MARETTE

7 août 1916

Chère maman,

J'ai été sage j'ai déjà une journée de sagesse presque deux je n'ai plus qu'un jour et demi pour avoir mes trois jours Pierre à été à bicyclette avec mademoiselle Suzanne il a vu les prisonniers boches et leur a fait, Kamarade !

Il y avait un sous officier, il y avait une sentinelle qui les gardaient, ils étaient entourés de fils de fers barbelés ils ont été jusqu'à Villères[11], il y avait une dame qui a eu peur, elle aussi était à bicyclette.

Elle est tombée juste devant une automobile, elle a eu de la chance elle est tombée à dix centimètres de l'auto.

Ce matin j'ai fait un problème il était bien mais

Mademoiselle m'a un peu aidé pour le raisonnement.

Je t'embrasse bien fort et André[12] aussi.

Françoise Marette

À SUZANNE MARETTE

18 août 1916

Chère maman

J'ai été sage. Je t'envoie mon ouvrage et la dent de Pierre est dedans. Tante Charlotte a un convoi de blessés qui a eu du retard il est arrivé à une heure de l'après midi. Nous avons fait une grande tranchée avec Pierre Jean et moi[13]. Aujourd'hui on va jouer avec Pierre Vandeuvre, Ninette, et peu être avec les Héréra et les Laportes il y a des boyaux C'est une grande tranchée avec tout ce qu'il faut, cette après-midi nous allons faire une infirmerie, ce matin on avait des fils de fer barbelés. cette après-midi aussi il y en aura. Mademoiselle nous a fait à chacun une fourragère en laine. mademoiselle Susanne a fait des boutons pour les attacher Pierre est capitaine, Jean est un sous lieutenant, et moi je suis soldat. Je t'embrasse bien fort.

Françoise Marette

À SUZANNE MARETTE

10 septembre 1916,
Deauville-sur-Mer

Chère maman,

J'ai été sage. J'ai pris un bain et s'était très bon maintenant que papa ne viendra plus voilà le dernier que mademoiselle m'avait promis maintenant et que mademoiselle tient toujours ses promesse j'en ai pris un aujourd'hui il; fait très beau et je crois que tu serai mieux ici qu'a Paris mais il faut que tu reste avec ta maman qui t'a soigner quand tu étais petite comme tu as fais pour moi quand j'étais comme Andre, ha ! oui c'est pas gai surtout quand on a du chagrin ; quand je reviendrais je m'attacherai a André parce que je le trouverais telement gentil et changé que je l'aimerai plus qu'avant et comme avant je l'aimais beaucoup tu vois comme je l'anmerai, autant que toi.

Je t'embrasse. J'ai repondu à Monique qui m'avait envoyer une carte de domfront.

Françoise Marette

DE SUZANNE MARETTE

14 septembre 1922

Rien d'intéressant à te dire, ma pauvre fille ! Je ne m'amuse guère. Ta lettre m'a bien fait plaisir. Elle me raconte des tas de choses qui m'amusent. J'ai bien ri à tes gains et pertes de roulette, mais je ne comprends pas du tout comment tu as fabriqué une roulette. M. Protois dans le bulletin paroissial annonce une chaleur torride à partir du 19 et pour tout octobre. Prenons patience. Avec ça, Madame où j'ai acheté du coton pour finir les points de ta chemise, s'est enquise de vous, de vos costumes, etc. Dan mé qui était avec moi prenait un air offensé et effaré de cette amabilité ! Je vais lui acheter en passant tout à l'heure une culotte pour Jean-Pierre, qui ouvre en bas. Tante Geneviève lui en a fait une invraisemblable et pas pratique du tout. Je fais mon entraînement d'élevage[14]. Hier, j'étais affolée. De loin, on ne réalise pas ce que c'est minuscule un nouveau-né et sale. La garde m'avait annoncé qu'il faisait toujours dans son pot. Et moi, je l'ai vu sur les genoux de cette brave femme salir trois couches, un tablier, etc., le tout avec un bruit formidable et l'air de plus en plus béat parce que cela le dégageait. J'avais oublié tout cela à ce degré. C'est affreux et vraiment il est bon que je m'y remette !

Tu vas rire mais c'est triste ! Le peu de temps que j'ai dormi, j'ai vu des couches, des couches pendre partout ! Papa se couche à neuf heures et demie. Alors, c'est affreux. Je suis réveillée à deux heures et impossible de redormir. J'ai lu un livre entier cette nuit.

Il n'y a pas lieu d'espérer que cela sera bientôt. J'ai vu Mme Lachasse qui s'est bien ri du Dr P. et prédit toujours la fin du mois. On verra l'avis de Paunet[15]. Mme Lachasse a pris son petit-fils de huit mois pendant que ses parents font un petit voyage de huit jours.

Elle ne dort pas de la nuit parce qu'il ne la connaît pas. Et le général est furieux parce qu'elle roule sa voiture au Ranelagh et qu'elle ne l'a jamais fait pour ses enfants à elle. Elle est trop vieille, cela la fatigue beaucoup. Quand vous irez à Trouville, achetez-moi une bavette Noël pour m'occuper, et je crois aussi l'étoffe des cache-corsets mais pour le retour seulement la bavette pour m'envoyer.

Je t'embrasse fort.

Suz.

DE SUZANNE MARETTE

15 septembre 1922

Ma bonne Vava,

Tes lettres me font grand plaisir. Je les attends avec impatience le matin à mon petit déjeuner. Mlle Chauveau vient de me quitter à quatre heures. Je me dépêche pour aller chez Dan mé faire mon entraînement de nourrisson.

De là, Papa viendra me prendre pour aller dîner chez Étan. Tu vois, je suis toujours dans un état à circuler ! ! Mlle Chauveau a maigri, est bien mieux et dort très bien. Elle prend les choses avec philosophie, mais l'hiver là-bas est un cauchemar pour elle ! J'ai ficelé mon berceau au pied ce matin. Il faut encore que j'enroule les anses et que je fasse une tirette pour tenir la capote fermée. J'ai mieux dormi cette nuit. Hier, j'étais si éreintée par deux nuits presque blanches que je dormais chez Dan mé.

C'est très gentil de la part de M. le Curé d'avoir pensé à dire une messe pour Jacqueline. Je vais lui dire merci sur une carte. Papa m'a dit qu'une infirmière du Dr Coudert qui soigne M. Grandel pour sa phlébite, lui a raconté qu'elle fait énormément de culture physique et qu'elle va monter une salle pour les dames et jeunes filles dans le quartier de

Passy. Papa espère que ce serait bien pour toi, car il pense que ce que tu fais avec les petits n'est pas suffisant et que cela te fait du bien de te remuer. Profite du tennis autant que possible, que je te retrouve mince et souple, et soigne la vaisselle. Que feras-tu d'un bébé dans tes bras ? Tu le casseras aussi. Enfin tu es bonne fille. Je suis contente de toi. N'asticote surtout pas les garçons ni Tiny. Embrasse bien fort Pierrot pour moi.

Suz.

DE SUZANNE MARETTE

19 septembre 1922

Ma bonne Vava,

[...] Mademoiselle me raconte la conférence que Tiny t'a faite sur l'histoire naturelle chiens et humains. Tu as parfaitement bien fait de raconter cela à Mademoiselle ; il faut toujours nous dire à moi ou à elle les choses de ce genre qui peuvent t'être dites, car il importe que tu ne te laisses pas bourrer le crâne et que tu n'aies pas d'idées fausses... Tu as de la chance d'avoir une Mademoiselle qui est une amie, une maman qui a toujours été une amie et une confidente pour ta sœur et tes frères et qui désire l'être pour toi. Il faut avoir la plus grande confiance. D'ailleurs, jusqu'à présent, c'est ce que tu fais, mais je ne saurais trop te le prêcher à mesure que tu grandis. Toutes les choses que je peux te dire, t'expliquer à mesure que tu vieillis, que tu es plus capable de comprendre, je le fais très simplement, tu le sais, pour ne pas faire travailler ta cervelle inutilement sur des questions qui n'en valent pas la peine. Il y a des choses que tu n'as pas encore besoin de savoir, et que d'ailleurs je ne pourrai jamais t'expliquer tout à fait parce que c'est le mystère de la création, là où bute notre pauvre compréhension humaine, le secret de la divinité. Nous pouvons expliquer les effets, les plus grands savants n'en connaîtront jamais les causes. Ce pauvre Tiny aura beau vouloir t'épater, il te raconte des affaires grotesques qui tiennent debout à peu près comme la nomenclature des coquillages. Je ne connais même pas les termes qu'il emploie et qu'il doit écorcher. Si j'ai un conseil à te donner, c'est de ne pas essayer de replacer cette conférence qui est déplacée, sale et hors de saison à vos âges. Vois-tu, ton pauvre cousin est trop abandonné à lui-même, et même d'une façon peu intelligente. Tu lui as bien répondu. La nature en elle-même est peut-être sale et brutale, mais si on la considère de plus haut, nous sommes si incapables de la comprendre, de la créer, de faire revivre ce qui est mort, de deviner ce qui va naître, etc., que nous n'avons qu'à nous incliner, à nous avouer bien petits, bien ignorants devant tant de mystère, bien impuissants et de simples outils vis-à-vis du créateur. Et finalement, vois-tu, en réfléchissant à tout cela, si on est intelligent au lieu de se plonger dans la fange on se prosterne devant l'être infini et puissant et on se confie à lui. Voilà à quoi je suis arrivée après avoir beaucoup beaucoup travaillé, beaucoup pensé et avec une expérience de quarante ans. J'espère que tu ne croiras plus ce noble Tiny que je plains de tout mon cœur. Je n'ai jamais pratiqué les chiens et ne sais pas comment ils sont faits. Quand tu seras grande, sur le point de te marier et d'avoir des enfants, je t'expliquerai certaines choses que tu n'as aucun besoin de savoir maintenant et que tu ne dois pas chercher à savoir, si tu veux te garder la jeune fille pure et honnête qu'étaient ta mère, ta sœur et que je veux que tu sois jusqu'à ton mariage. Il y a des choses dont on parle à sa maman, à son mari et à personne d'autre. Aussi, si Tiny recommence, je compte sur toi pour le mettre à sa place.

Je t'embrasse.

Suz.

Montre cette lettre à Mademoiselle pour qu'elle voie ma façon de penser.

DE SUZANNE MARETTE

Vendredi 22 septembre 1922

Mes bons amis,

Je ne peux pas vous en écrire bien long aujourd'hui. Dites à Pierrot qu'il est arrivé hier de la part de Sr Cœur de Jésus un petit garçon tout petit pour être son petit frère. Il pèse sept livres deux cents, il n'est pas trop laid mais il a un nez comme Fifi. Il n'a pas encore ouvert les yeux, je ne sais pas leur couleur. Papa et Maman sont furieux d'avoir trouvé un garçon au lieu d'une fille dans la boîte. On a failli le remballer, et puis on en a eu pitié. Je vous embrasse tous bien fort.

Maman

À SUZANNE MARETTE

Vendredi 22 septembre 1922

Ma bien chère maman,

Que je te remercie ! Puisque c'est un petit frère, que le bon Dieu nous a envoyé un petit garçon je reste toujours ta fille. Et maintenant je serai très gentille avec toi, une petite maman pour mon petit frère et pour toi toujours ta fille qui tâchera d'être ta bonne fille, d'être une camarade et une amie pour toi comme l'était Jacqueline. Ce nouveau petit être qui vient d'arriver sera notre trésor, et malgré mon grand désir et le tien, d'avoir une petite fille, celui-là je l'adorerai. Je vais me dépêcher de finir ma chemise et lui faire un bonnet que j'espère il mettra pour son baptême. Je t'écris sur mon beau papier. Jamais il n'a été à pareil honneur. Après ta lettre j'écrirai à Mlle Malatret[16], à Mme Sèchebœuf, à Madeleine et à Catherine et à Agnès et Annette. Ce matin le docteur Volmeke passait, alors je l'ai appelé et je lui ai crié « Good news ». Alors il est arrivé et a demandé alors je lui ai dit. Maintenant nous n'allons plus tarder à rentrer. Il me tarde de le voir. Tu vois, Mme Paunet avait raison de ne pas se biler. Ce matin, Mme Volmeke est venue à la plage. Elle va revenir cet après-midi.

J'aimerais bien savoir de quelles couleurs sont ses cheveux et ses yeux et s'il est gros, s'il est laid. Comment il est si il crie beaucoup. Hier soir j'ai été au tennis où Mlle Winkler est venue. Je suis tellement contente que je ne sais pas quoi te dire.

Je t'*embrasse très très* fort.

P.S. Depuis deux heures il pleut et il est quatre heures.

À SUZANNE MARETTE

Mardi 26 septembre 1922

Chère Maman,

Aujourd'hui je n'ai pas beaucoup de temps pour t'écrire. Mademoiselle m'a dit que tu ne pouvais pas te faire à un cinquième garçon. Je comprends bien ton chagrin, surtout dans ces temps-ci, mais regarde, c'est peut-être mieux. Plus tard si cela avait été une fille tu n'aurais pas pu la laisser d'une minute jusque dans treize ans et dans treize ans, tu voudras peut-être faire des voyages, et puis il aurait fallu que tu la sortes dans le monde dans vingt ans.

Tandis que comme cela, ce sera peut-être très dur pour toi jusque dans cinq ou six ans mais après, je me marierai et je resterai avec toi, je te donnerai beaucoup de petits enfants et naturellement des petites filles. Puisque toi tu n'as que des garçons, moi je n'aurai que des filles. Et tu viendras chez moi, je te soignerai, tu seras aimée par tes petits-enfants. Et puis je m'occuperai de mon jeune frère qui dans ce temps-là aura l'âge de Jean. Et puis tu sais il ne faut pas t'ennuyer pour moi, parce que je ne te quitterai jamais.

Je choisirai un mari qui veuille avoir beaucoup

d'enfants et ne pas s'éloigner de toi. Au contraire, tu te prépares un avenir très agréable ou mieux, le plus familial possible. Maintenant j'ai presque quatorze ans. Plus que deux ans d'études et après je resterai avec toi. En somme tu vois, tout est bien [...].

Je t'embrasse bien fort et Jacques et Papa aussi.

F. Marette

DE SUZANNE MARETTE

Mercredi 27 septembre

Vava,

[...] Merci de ta lettre gentille. Il s'agit maintenant de prier le ciel pour tomber sur le gendre modèle que tu me proposes et qui serait en effet bien agréable. Peut-être ne parleras-tu plus comme cela dans quelques années si tu trouves un monsieur te plaisant beaucoup pour partir au diable au vert ! Et je trouverai cela tout naturel. Que veux-tu, c'est la vie. Il ne faut pas élever ses enfants pour soi-même mais pour eux. Si on trouve à faire leur bonheur et le sien en même temps, c'est le rêve, comme moi qui suis restée dans la poche de mes parents avec un mari parfait. Je comprends maintenant combien Dan mé a dû jouir de Jacqueline petite. Elle avait juste quarante et un ans ! Cela se trouvera peut-être aussi pour toi. Qui sait ? En attendant, continue à bien m'aimer, à travailler pour en être vite débarrassée pour moi qui n'aime guère cela et fais des progrès en couture, en tennis, en douceur pour les verreries et pour les nouveau-nés qui sont fragiles. Je t'embrasse.

Suz.

À SUZANNE MARETTE

Lundi 11 avril 1927, 7 h 15, Deauville

Ma chère Maman,

[...]

Hier après-midi, nous avons passé tout l'après-midi dehors (car la journée d'hier était déjà belle) ; après avoir été pour rien au piano, nous sommes restés sur la plage de Trouville jusqu'à quatre heures. Nous étions loin de tout le monde et je me suis amusée follement avec le Goth et Poulet en jouant à la balle au chasseur. En quittant la plage, nous sommes repassés au piano, mais il n'y avait personne. Alors, je t'ai écrit le petit mot rajouté dans la poste de Trouville et nous sommes rentrés prendre le thé à la maison, auquel Mademoiselle nous a rajouté, en l'honneur du dimanche en petit comité, un croissant et un sablé à chacun. Après ce thé, nous sommes allés sur la plage de Deauville où les petits ont travaillé avec acharnement jusqu'à six heures et quart pendant que nous arpentions rapidement, Mademoiselle et moi, les planches. Puis, rentrés, bain, dîner, coucher.

[...] Ce matin, avons été encore renouveler les mêmes exploits pendant une heure et demie sur la plage. Et cet après-midi, nous sommes allés sur le vieux Deauville dont nous sommes revenus chargés d'une cargaison de fleurs grâce au jardinier du cimetière anglais qui nous a donné plusieurs pieds de giroflées jaunes et rouges et de fleurs blanches. Nous avons mis ces dernières dans le pot de la salle à manger et les giroflées dans celui du salon. Nous avons choisi aussi beaucoup de coucous, quelques violettes sauvages, des pâquerettes, deux jonquilles, deux douzaines de primevères et quelques myosotis. En rentrant, le Poulet était bien fatigué, mais il était si content d'avoir tant de fleurs qu'il poussait toutes les cinq minutes un petit gloussement : « Oh que j'suis content » et il s'extasiait sur la gentillesse du jardinier. Et puis il ajoutait : « Le Minet est bien fatigué mais il ne veut pas le dire... Et alors comme ça il ne deviendra pas une "omelette", n'est-ce pas minette ? »

Le Goth est très sage, mais il a quelques questions saugrenues à son actif : « Est-ce que les étoiles de mer sont des mammifères ? »

[...] Il est arrivé une chose très drôle ce matin, de télépathie entre Poulet et Mémé. J'étais chez le cordonnier et Mademoiselle m'attendait à la porte avec les petits, tout en regardant la vitrine. Je ne sais si tu te rappelles qu'ils ont à leur devanture une réclame pour un coricide avec une image de religieuse carmélite et ce titre demande le coricide de sœur Marthe. Mademoiselle, dans son for intérieur (et non extérieur) se disait à elle-même : « On se demande pourquoi cette sœur Marthe pour un coricide », mais elle n'a rien dit tout haut, elle en est convaincue et le Goth en témoigne. Pendant qu'elle pensait cela, Poulet lui demande[17] : « Pourquoi est-ce qu'il y a sœur Marthe ici ? » Mademoiselle lui a fait répéter trois fois pour être sûre. Et elle lui a demandé : « Pourquoi demandes-tu ça ? – Je ne sais pas. – Est-ce que c'est moi qui te l'ai dit ? – Non. – Mais comment sais-tu que c'est sœur Marthe ? – Je ne sais pas, ça me vient comme ça. »

Je crois qu'avec la lettre de Mademoiselle tu vas être complètement au courant de toute notre journée. Il me semble que, pour mon compte, je t'ai dit tout ce que je savais.

Je penserai bien à toi demain[18] et, comme je pense que tu iras à la messe si tu n'es pas trop fatiguée, j'irai ici aussi à celle de huit heures. Je pense que les morts sont heureux quand on vit avec eux tout en ne vivant pas que pour eux en oubliant les vivants et la prière est une pensée intense et très détachée de toute autre préoccupation terrestre. Elle est donc un moment exclusivement consacrée aux morts au milieu de toute une vie où ils ne peuvent pas et ne doivent pas être notre seule préoccupation.

Enfin, demain, je prierai avec toi de tout mon cœur et de toute mon âme. J'aimerais t'en dire bien long mais il faut que le courrier parte.

Je t'embrasse bien bien fort ainsi que papa.

Je ne relis pas. Excuse les fautes.

Françoise

À SUZANNE MARETTE[19]

Dimanche 17 juillet 1927

Ma chère maman,

Aujourd'hui, temps splendide, le premier de la saison où il y a du soleil et je t'assure qu'il fait chaud. C'est épatant. Mademoiselle t'a dit que j'avais changé ma chambre d'aspect. Eh bien oui, complètement. Le lit est dans le coin de droite quand on entre, contre le mur ; la table sur laquelle je t'écris, au milieu de la chambre qui est agrandie énormément par le changement. Mon fauteuil près de la fenêtre sur les murs (si Jean voyait cela !).

Trois affiches de guerre, Foire de Paris, Masques et Horticulteur, quatre aquarelles de moi, trois sous-verre de montagne, cinq reproductions de pastels et d'aquarelles du PLM (montagnes et Côte d'Azur) et un panorama du mont Blanc vu de la Flégère. Enfin ma chambre m'est sympathique. Tu n'as pas idée comme je m'y déplaisais ; je ne la trouvais ni pratique ni « cosy ». Maintenant, j'aime beaucoup m'y tenir et, cette nuit, j'ai merveilleusement dormi ; dis-le à Jean de ma part.

Donc, hier, après avoir défait les malles et réinstallé les rideaux qui, ayant été lavés, n'avaient plus d'indications, j'ai rangé mes affaires, puis nous avons été aux Galeries pour différentes courses et au piano pour un accordeur.

En rentrant, j'ai installé cette charmante exposition dada, puis dîner. Après, j'ai chanté et étudié des accompagnements jusqu'à neuf heures et demie. Puis monter, rectifier les épaulettes de mon costume de bain et faire mes bottines. Puis couchée très fatiguée.

Ce matin, messe. Finir mes ourlets de robe toile de soie et repasser toutes mes robes. Pendant ce temps, je dictais à Poulet cette lettre qu'il t'écrit ; il a mis trois quarts d'heure, mais ne voulait pas abréger et encore avait en vue sept ou huit phrases d'une vingtaine de mots. Il en a commencé une pour Jean, mais la cloche lui a rappelé que les plaisirs de la table doivent alterner avec ceux de l'esprit. Je doute qu'il la finisse aujourd'hui et même demain.

Après le déjeuner, j'ai changé de décor et me voilà en blanc. Il est deux heures et demie. J'irai au tennis tout à l'heure m'abonner et, s'il n'y a personne, j'irai sur la plage avec Mademoiselle, puis sinon je jouerai. J'ai vu Pierre M. de T. ce matin avec Philippe Germain à la sortie de la messe mais pas les autres ; ils n'étaient pas sortis.

Il faudra que j'aille leur faire mes civilités ainsi qu'aux Fender.

Il y a un monde fou ici ; les Galeries étaient bondées hier et, dans le pays, il y a foule, beaucoup d'Anglais déambulant en famille et sympathiques.

Dans le port, il y a six gros yachts et environ quarante canots à voiles et à moteurs pour les régates qui ont lieu ces jours-ci.

Hier, dans le bac, incident vraiment drôle. Philippe, au départ du bac, ayant perdu l'équilibre, se raccrocha au bititi d'une dame et de quelle dame ! avec quel type ! en la pinçant fortement. Heureusement qu'elle s'est rendu compte que ce n'était pas exprès et, après avoir expliqué qu'elle avait été très inquiète, « c'était la crainte, n'est-ce pas, la crainte et puis la surprise », cela s'est terminé. Philippe trouvait cela très drôle. Pierrot n'a pas gagné beaucoup d'intelligence. Comme nous parlions des régates, il a demandé : « Quand est-ce que les "matches" vont faire des courses "en l'air" ? »

[...] Voilà. Je t'embrasse bien fort. Ne crois pas un moment que je ne pense pas à toi. Tu me manques beaucoup, sûrement beaucoup plus que tu ne peux le croire.

F. Marette

DE SUZANNE MARETTE

*[1927]**

Vava

Ma chère petite Vava, tu es gentille de m'écrire. Tu vas voir par la lettre de Mademoiselle que je n'ai vraiment pas de chance. Empoisonnement sur toute la ligne, turbin supplémentaire que vous pouvez deviner et cet être indésirable à voir à chaque repas ! Enfin parlons d'autre chose. Félicie est arrivée hier armée de fleurs, me remercier chaudement, sa fille est entrée ce matin chez Gastineau. Je voulais refuser les fleurs. Elle a prétendu qu'un de ses frères les avait rapportées du Midi la veille. Je n'ai plus osé les refuser pour ne pas la froisser ; l'intention était bonne. Mme Arbola a écrit à Mme Beth-

* Lettre inédite.

mont[20] une carte incompréhensible moitié français, moitié anglais. Elle a trouvé âme sœur à Valorgue, elle télégraphiera si elle y reste ou si elle rentre, la folie augmente certainement.

La ½ diète Guelpa[21] mitigée me semble acceptable et – peu de chose près ce que tu fais – nous en reparlerons. Pour mon âge ce serait l'entière mais c'est un peu dur.

Il faut que j'aille essayer chez Gastineau, porter des souliers à faire les talons et après ou chez Chauveau ou chez l'abbé Constantin pour voir s'il y a quelque chose de bien pour toi ma vieille.

Je t'embrasse et je t'aime bien. Si je ne te le dis pas souvent, j'espère que tu le sens. Et si je grogne souvent c'est pour te corriger. Tu n'as Dieu merci pas les défauts terribles de certains autres. Tu pourrais être un excellent numéro de femme, si tu prenais sur toi de devenir soigneuse et ordonnée. C'est dans ton bien, crois-le, et non pas pour t'ennuyer, mais la vie en commun comporte des frottements des impatiences etc. qui font prendre de travers les intentions des autres. Je t'aime beaucoup très solidement et profondément, rien de mièvre ni de très féminin peut-être, pas le genre Chapelot[22], que veux-tu, on fait ce qu'on peut. Mais tu dois sentir que dans la vie tant que j'aurai un atome de souffle et de vitalité tu me trouveras toujours comme une bonne amie pour partager les tuiles, les joies ou les coups de collier, cela vaut quelque chose. Et quand j'aurai fait couic tu comprendras mieux que je t'aimais bien. Phil aussi peut être ! il sera trop tard !

Embrasse le Goth, et mon bon Poulet. En effet il a dû bien s'ennuyer. Je n'ai pas une carte pour eux, mais je suis contente qu'ils soient sages. Je les récompenserai en arrivant.

Bis

Suzanne

À SUZANNE MARETTE

4 février 1931, 8 h 15 du matin

Ma chère Maman,

Ma journée d'hier a été très sympathique. Je suis partie alors qu'il faisait encore noir de Westgate, un professeur m'avait accompagnée. Je suis arrivée ici à neuf heures en gare de Cannon Street j'ai trouvé Papa qui m'attendait. Nous sommes montés sur l'impériale d'un autobus, premier contact avec Londres. À l'hôtel, Papa m'a quittée pour aller à son rendez-vous. Il m'avait chargée de téléphoner à M. Tissot pour l'inviter déjeuner, ce que j'ai fait. Je me suis alors changée de robe (je suis joliment contente d'avoir ma robe de crêpe georgette ici) et j'ai été jeter un coup d'œil, car ce ne peut s'appeler visites, sur National Gallery et sur la galerie des portraits. J'ai vu à N.G. un Fra Angelico épatant. Je me suis emballée sur le Greco. Ils ont aussi de remarquables Rembrandt, quatre ou cinq toiles immenses de Véronèse. J'ai découvert Vélasquez. À la galerie des portraits, malheureusement, on ne visitait que le troisième étage intégralement, les autres étant en transformation.

Je suis rentrée à midi et demie au Carlton. Papa était revenu. Nous avons attendu M. Tissot et nous sommes descendus avec lui au grill-room de l'hôtel où nous avons déjeuné merveilleusement et très simplement. M. Tissot a l'air assez bovin. Très good businessman, mais que je n'aimerais pas faire partie de sa vie sentimentale. Il a été très aimable, aurait voulu absolument nous inviter à dîner et à aller au théâtre mais papa ne voulait absolument pas et a prétexté une autre invitation. Il est navré de ne pas avoir su d'avance notre arrivée pour que sa femme m'entreprenne avec son auto pour me faire visiter la ville. J'aime mieux visiter avec papa qui, je le vois, est très heureux de le faire. Après déjeuner nous sommes allés chez Cook qui est en face de l'hôtel pour voir si un car circulaire existait l'après-midi.

Malheureusement il venait de partir, il était trois heures vingt-cinq. C'est donc remis à ce matin.

Nous avons alors quitté M. Tissot qui nous avait accompagnés chez Cook et nous avons commencé nos pérégrinations on foot. Vu le pont de Westminster, pas la cathédrale ni l'abbaye que nous verrons ce matin, mais les quartiers chics, le park de St James, Hyde Park, puis autobus jusqu'à Oxford Cross et là retour vers l'hôtel en faisant tout Regent's Street. Arrêt à trois heures au Regent's Hotel (public très commun) pour le thé puis continuation de notre promenade. Nous sommes repassés à l'hôtel à sept heures puis avons été dîner au Lyon's, au troisième étage, très bien et pas trop cher.

Et pour finir la journée, nous sommes allés au Coliseum. Au début je ne comprenais que quelques mots et à la fin mon oreille s'y était faite et je comprenais tout. Nous étions de retour au Carlton à onze heures et demie.

Papa dit que nous avons fait près de quinze kilomètres à pied. Il avait les pieds fatigués tandis que je ne sentais absolument pas la fatigue. J'avais pourtant mes escarpins de daim et cuir, mais j'avais tout de même une toute petite ampoule en revenant et aujourd'hui je suis obligée de mettre mes autres souliers. Tant pis pour le chic. Les Anglaises s'attifent si mal. Je crois que papa n'a pas trop honte de moi. Si tu savais comme à tous les instants je suis contente d'avoir maigri. Papa a aimé que je mette mon petit chapeau hier, mais je crois qu'aujourd'hui je vais lui demander de ne pas le mettre parce que les Anglaises chics me regardent trop. Je vois bien d'ailleurs qu'elles ne trouvent pas cela laid mais ici la mode est en retard de huit mois à peu près. On voit cela dans les boutiques chics semblables aux nôtres de la rue de la Paix. Ce matin nous allons descendre déjeuner, puis à neuf heures et demie le car de Cook que nous quitterons à midi pour prendre un taxi car nous allons déjeuner avec le vieux monsieur (X ?), je ne me souviens plus de son nom, enfin l'inventeur du filtre à huile pour lequel papa est ici et sa femme et probablement aussi avec l'ingénieur anglais qui s'occupe de l'affaire et vit depuis trente ans à Paris. Nous déjeunerons dans un Club d'ingénieurs. Voilà Papa qui vient de me dire qu'il descend pour le petit déjeuner.

Je suis obligée de te quitter. J'aurai beaucoup de choses à te raconter. Mais tu sais il veut absolument que je mette mon petit chapeau. C'est drôle les hommes. Je crois qu'il se rengorge quand on me regarde. C'est trop drôle !

Je t'embrasse chère maman. À demain.

Françoise

À SUZANNE MARETTE

La Bastide, 22 septembre 1931,
mardi – 2 h 15[23]

Ma chère Maman, Mme Delebecque m'ayant demandé si je ne voulais pas joindre un mot à sa lettre pour toi, naturellement j'ai accepté avec joie.

Depuis ce matin j'ai mis ma lettre dans un train qui partait pour Avignon, elle aura donc été assez vite je pense.

Je suis arrivée à Pernes. Jeanne et Edmond m'attendaient. Ils étaient ennuyés car ils avaient eu peur d'arriver en retard mais ils ne l'étaient pas du tout. Figure-toi que le mistral souffle depuis hier matin et que les gens du pays leur avaient dit que le train serait sûrement très en avance parce que poussé par le mistral ! Et ils l'avaient cru.

Le soleil est radieux, d'ailleurs le mistral est toujours signe de beau temps, mais naturellement le vent est un peu frais. Moi je trouve cela chaud et ils gèlent tous. Le feu est même prêt à être allumé. Les gens du pays se congratulent sur le mauvais temps, et il n'y a pas eu un nuage au plafond. Ce matin en arrivant petit déjeuner c'est-à-dire thé ou café au lait avec fruits en quantité et pain et beurre pour ceux qui veulent. Les fruits sont raisins noirs, blancs et muscat et des figues divines. Ils en jettent des kilogs chaque jour. Les melons ont valu ces derniers jours trois sous la douzaine ! Après petit déjeuner je suis montée dans la chambre qui m'est affectée jusqu'au départ de M. Delebecque – car il est là. C'est donc l'ancienne chapelle. J'ai rangé mes affaires et pris un tub.

Vers dix heures, je suis partie me balader à pied avec Christiane car Jeanne était occupée dans une vigne. Nous sommes revenues vers midi et quart après une longue trotte à travers les collines couvertes d'oliviers, de pins, d'arbousiers et de fleurs odorantes. Il y a du thym partout. Leurs vendanges ne sont pas finies et je les aiderai.

Dans ce moment est encore là l'Anglaise qui est toute seule presque tout le temps comme Marguerite avait été chez eux. Elle travaille le matin et l'après-midi, va quelquefois avec les autres. Elle parle absolument sans accent le français mais ne dit pas grand-chose. Elle est très gentille et ne les a pas gênés du tout. La dégringolade de la livre la laisse bien calme. Que te dire de M. Delebecque ? Pas sympathique. Tout le monde a l'air d'avoir une chape de plomb sur le dos quand il est présent. Il ne dit presque rien ou lorsqu'il dit quelque chose c'est pour démentir d'un air excédé n'importe quelle chose sans importance que l'un des siens a dite.

Après le déjeuner il est resté dans un fauteuil sans rien faire pendant une demi-heure puis est retourné dans sa chambre. Si on lui demande quelque chose respectueusement ou qu'on lui dit n'importe quoi d'aimable (sa femme ou ses enfants) il répond évasivement oui ou non d'un air de quelqu'un qu'on dérange et que rien ne peut intéresser. La vie de cette pauvre Mme Delebecque ne doit pas être drôle. Les enfants sont habitués et trouvent cela naturel. Pour moi je crois qu'il est neurasthénique car il me semble difficile d'être à ce point e...m... en état sanitaire normal et reposé comme à la fin de ses vacances.

Demain viennent déjeuner Daudet[24] et son fils de Saint-Rémy-en-Provence.

En ai-je de la chance!

Ce matin Maurras a envoyé des roses de Martigues et une lettre à Mme Delebecque qui en frétillait béatement sous l'œil las de Monsieur. Je t'écris avant de partir en auto avec M., Mme, Edmond et Jeanne pour Roquemaure sur le Rhône où une jeune femme les a invités ce matin. Ce n'est pas drôle paraît-il mais cela me fera voir du chemin. [...]

Je te raconterai demain la visite de Léon. Mais le courrier partant habituellement à dix heures et demie tu n'auras ce récit que dans ma lettre suivante. Aujourd'hui exceptionnellement on le mettra en passant à Carpentras. Nous irons à Châteauneuf-du-Pape aussi.

Je t'embrasse.

[...]

Françoise

DE SUZANNE MARETTE

Mercredi 23 – 4 heures

Tu es vraiment une bonne fille de m'écrire tant de détails; je vis avec toi, mais j'ai beaucoup de remords que tu t'infliges une pareille besogne pour me faire plaisir. Je t'en *supplie* quand tu n'as pas le temps ou que tu n'en as pas envie ne m'écris pas. Je ne veux pas que ce soit une corvée. Tu sais que je suis ravie de te sentir contente. Tu as de la veine de voir Daudet, j'attends le récit de la visite avec impatience! [...]

Ici rien de neuf ni de palpitant. Courrier volumineux ce matin, de Maman décourageant, Phil ravi de venir. Ce que tu me dis de sa mine m'ennuie beaucoup. C'est peut-être très mauvais qu'il n'ait plus de boutons sur la figure. Je vais voir cela; de Jean ravi de constater que l'intimité peut continuer par lettres quand elle existait auparavant, quel grand gosse! de ton père qui se lamente d'avance de la séparation future quand tu partiras pour de bon. Il ne pense pas à ce que cela [sera] pour moi, et il faudra encore ce jour-là que je tienne le coup, que je sois pour lui le goujon folichon et la tentatrice pour noces et distractions variées.

Le temps se maintient, la colique de Mémée aussi, elle n'a rien absorbé que des tasses de menthe depuis hier midi (il est cinq heures), elle se ratatine à vue d'œil la pauvre. À propos bien bonne l'histoire du mistral poussant le traing !!

J'ai très gentiment invité Maman à venir avec Phil et à rester huit jours. Je me doute de la réponse.

J'écris un mot que tu remettras à Mme Delebecque. Je suis sûre qu'en vivant près d'elle tu seras dans l'admiration de sa bonté, de son abnégation. Je n'ai pas rencontré dans ma vie beaucoup de femmes ayant sa valeur morale. Remercie-la encore de t'accueillir ainsi à bras ouverts et si simplement. Je ferme pour que ma lettre parte. Rien de neuf à te dire que tu ne puisses imaginer. Je lis beaucoup, ne m'ennuie pas. Mon ongle incarné est extirpé grâce à ta gouge.

Je t'aime vraiment beaucoup ma vieille.

S. M.

Mademoiselle et Poulet ont rencontré le père V. qui faisait ramer ses petits-fils dans le port. Mademoiselle s'étonnait et trouvait cela excellent avec un air de désirer connaître le truc pour Jacques, mais c'est mon canot de mon yacht avec mon marin a dit le vieux beau nouveau riche. Bobine de Mémée. Pouffage de Jacques !

Pas relu.

À SUZANNE MARETTE

Mercredi 23 septembre 1931,
la Bastide – 9 h 30 du matin

Ma chère Maman, le mistral commence quoique un peu moins violent. Hier dans l'après-midi je t'avais dit que nous allions chez des amis des Delebecque sur le Rhône près de Châteauneuf-du-Pape. Nous sommes d'abord passés à Carpentras où j'ai fait avec Jeanne quelques courses alimentaires. Carpentras est une ville qui si on l'abordait à l'aveugle vous semblerait italienne. Cela m'a tout à fait rappelé Varese, les rues, les boutiques, la lumière. Quand Jeanne et moi sommes revenues à l'auto (ainsi composée : devant Edmond conduisant et M. Delebecque, derrière Marguerite, moi, et Jeanne), M. Delebecque m'a offert une boîte de berlingots seule spécialité de Carpentras. Les autres ont ouvert des yeux ronds et réjouis et aussitôt que nous nous sommes trouvés à l'écart en descendant de l'auto Jeanne m'a dit que c'était la première fois que leur père offrait quelque chose à une de leurs amies. Le geste est déjà très galant mais j'en suis d'autant plus touchée que je jouis d'un régime d'exception ! Au retour Mme Delebecque était tout de suite mise au courant, c'était une affaire ! et elle s'en tortillait de joie en m'embrassant. Dans l'après-midi chez ce jeune ménage M. Delebecque était tout différent de ce que je l'avais vu être jusque-là. Il riait tout le temps. Nous sommes allés avec un énorme bac à charrette qui leur appartient dans une île du Rhône qui est à eux et qui mesure huit cents hectares. Il y a deux semaines le Rhône a eu de fortes crues et une grande partie de leurs vignes – car toute cette île est couverte de vigne – a été recouverte d'eau. En se retirant naturellement le Rhône laisse une énorme quantité de limon et les grappes sont des paquets de boue. Il paraît que l'on fait tout de même le vin et sans les laver avant, que cela n'importe pas beaucoup. Malheureusement dans l'île Jeanne s'est tordu le pied gauche. C'est une bonne foulure. Elle a eu très mal et il a fallu qu'elle aille à moitié portée, à moitié à cloche-pied jusqu'à la ferme de l'île où on lui a donné de l'eau bouillante et je l'ai massée puis friction à l'eau-de-vie et une bande de toile bien serrée. Elle a pu revenir à l'auto et ce matin elle est encore enflée mais ce n'est pas grand-chose. Cela la gêne tout de même. J'ai vu alors un autre aspect de M. Delebecque. Aussitôt que Jeanne était tombée il s'en est occupé, il était très paternel et Jeanne lui disait : Oh Papa tu es un si bon rebouteux, arrange-moi ça. Je crois que c'est grâce à lui si cela n'a pas été plus grave parce qu'il a tout de suite remis l'articulation en place. Mais ce petit accident nous a permis de rester un peu chez ces braves gens de fermiers qui ont des histoires absolument désopilantes. Je t'assure que les histoires de médecins et de rebouteux racontés avec l'accent, les images inattendues qu'ils trouvaient, cela valait quelque chose.

Leurs amis c'est un jeune ménage avec un bébé. Lui très riche, ne faisant rien, a un avion et fait avec sa femme ses principaux déplacements en avion. Pas intellectuel du tout. Trois livres dans la maison. La femme, sa cousine germaine, une fille qui n'avait pas le sou, très simple et belle fille, surnommée « rigoli » par les Delebecque parce qu'elle est comme Mme Bonaffé, elle rit à propos de tout et de rien en se pliant en deux. Elle était professeur de dessin dans un couvent quand il l'a épousée.

Le bébé très sage, nous l'avons vue au début puis c'est tout. Elle est assez laide mais les Delebecque l'ont trouvée très gentille parce qu'ils n'ont jamais de bébé autour d'eux, et surtout parce que aussitôt montrée et les compliments, sincères d'ailleurs, prononcés le bébé a disparu.

Ces gens vivent très simplement mais on voit qu'ils ont beaucoup de fortune. C'est le type paraît-il des nobles provençaux (ils sont marquis !), le Monsieur est un mélange de Pierre et de Talon, le physique de Talon en mince ou presque, et le genre de Pierre, avec l'accent en plus. Au milieu du Rhône le mistral était vraiment violent naturellement.

Le soir au retour tout de suite le dîner. Les repas sont très exactement à huit heures et demie, midi et demie et sept heures et demie, annoncés par cloche et tout le monde se précipite. Au dîner de nouveau le même personnage neurasthénique et douchant.

Je me demande si ce n'est pas sa femme qui lui produit cet effet, la pauvre chère.

Après dîner sous des lampes – ils n'auront l'électricité que l'année prochaine – chacun travaille dans un mutisme presque complet ou à voix très basse. Edmond traduit un bouquin anglais pour s'amuser. Il a paraît-il été recalé de très près pour son agrégation de lettres. Il a été reçu pour sa P.M. Edmond est un garçon charmant qui est l'adoration de sa mère et de ses sœurs et qui le mérite d'ailleurs, toujours serviable, toujours de bonne humeur, parfaitement élevé et courtois. Pour les filles c'est beaucoup d'avoir un homme comme cela avec elles. Il est adoré des fermiers car il s'occupe beaucoup de la terre et d'eux. Il aime énormément la Bastide. Il fait l'effet d'être le soutien moral et l'appui de tous. Jeanne et lui jouent beaucoup au ping-pong où ils sont très calés et c'est très amusant de les voir prendre cela au tragique.

Chacun va se coucher quand il veut. Je suis montée vers neuf heures et demie laissant seuls Jeanne et Edmond. Chacun a sa lampe pigeon. Dans chaque chambre une lampe à pétrole. On va chercher dans le monte-charge qui est sur le palier un des brocs d'eau chaude soigneusement arrangés sous une couverture.

Ce matin après le petit déjeuner je suis remontée faire mon lit, vider seau et remplir mon broc, et puis je t'écris.

Daudet vient déjeuner. Marguerite confectionne une tarte depuis tout à l'heure.

Au petit déjeuner Mme Delebecque était inquiète à propos de chaque plat pour savoir si Léon l'aime ou non. Monsieur planait les yeux mi-clos en riant dédaigneusement « ma parole, on croirait que tu reçois le bon Dieu ».

J'ai oublié de te raconter l'épisode du chat. Marguerite a rapporté un petit chat de Châteauneuf. Leurs amis en avaient de petits à donner. Tout le monde adore ce chat. M. Delebecque en premier et tout le monde discute de son humeur, de son appétit et le caresse avec un sérieux mystique. C'est crevant.

Il faut que je te quitte car Do m'a fait promettre de lui écrire et le courrier est à dix heures et demie.

Je t'embrasse tendrement, et tous les autres aussi.

Françoise

Les oliviers et les platanes pleurent sous le mistral. Je trouve le temps superbe mais ils gèlent et se lamentent. Hier soir il y avait du feu au salon. S'il y a des fautes, excuse-moi, je n'ai pas le temps de relire.

À SUZANNE MARETTE

Jeudi 24 septembre 1931,
La Bastide – 8 h 15, matin

Ma chère Maman,

Je rentre d'une balade avec Jeanne sur une colline environnante d'où nous avons vu la plaine riche de Vaucluse se réveiller à la première touche du soleil. Ce matin le mistral ne s'est pas levé encore et je pense qu'il n'y en aura plus maintenant ; d'habitude lorsqu'il doit y en avoir, il s'élève avec le soleil. Il faisait froid ce matin, chose extraordinaire pour ici : il y avait de la gelée blanche sur les touffes d'herbe. Ce qui nous a fait sortir si tôt, c'est que M. Delebecque partait ce matin. Il prend le train à Avignon à huit heures, qui le met à Paris à six heures et demie. Mme Delebecque et son fermier sont allés aussi à Avignon ainsi qu'Edmond qui conduit. M. Delebecque m'avait dit au revoir hier soir mais j'ai trouvé poli de me lever à six heures et demie pour lui dire au revoir ce matin. Marguerite et Jeanne m'ont séparément remerciée chaleureusement d'avoir fait cela parce que leur père était paraît-il visiblement touché. Moi je trouve que c'est la moindre politesse, surtout que je n'ai même pas été capable de lui dire un seul mot de remerciement. Il est tellement glaçant que je n'aurais pas pu.

Aujourd'hui, voici l'ordre de la journée. Je vais changer de chambre, prendre celle du bas, de M. Delebecque car dans la mienne qui a un lit plus long, on mettra demain Claude H. [...].

Que je te raconte maintenant la visite du gros Léon. Épatant, d'ailleurs j'en aurais trop à écrire. Il est affreux comme tu le sais. Après le déjeuner avec son pardessus et son chapeau mou en tissu piqué posé rond sur sa tête c'était absolument sa caricature. Son fils est très bien, seize ans mais naturellement assez précoce, grand, mince, ressemblant étonnamment à Alphonse Daudet, teint olive et yeux extrêmement noirs fendus très largement et peu grands sous un immense front droit. Il est gentil et très fier d'être seul avec son père et le chauffeur à Saint-Rémy (tu sais le Saint-Rémy des antiques près des Baux). Il est le garde du corps de son père.

Te dire les sujets abordés par Daudet serait très long. Il parle de tout avec une vue d'ensemble et un sens intuitif extraordinaire. Il a fort apprécié le déjeuner qui était d'ailleurs excellent et supérieurement arrosé de Châteauneuf-du-Pape et de vin du Rhône l'Ermitage.

Il est extrêmement disert, chaud, passionné. Son principal dada hier c'était les Anglais, l'adoration qu'il a pour l'Angleterre, sa passion pour Londres et l'Écosse. La petite Anglaise buvait du lait. Ce qui est roulant c'est qu'il ne parle pas anglais, ou d'une manière désopilante quoiqu'il en lise tout le temps et qu'il connaisse à fond l'anglais littéraire ; il nous a raconté une de ses arrivées désopilantes dans un hôtel anglais où pour l'entendre parler et demander des chambres les domestiques se crevaient de rire et accouraient pour se plier en deux devant lui, de tous les étages et de toutes les portes de l'hôtel. Il faut l'entendre raconter cela. Il a d'ailleurs un don d'imitation des gens absolument roulant. Il a naturellement parlé des événements politiques du monde entier vus de très haut et particulièrement de l'Angleterre. Sa situation est exceptionnelle et tragique car pour lui l'Angleterre est le pivot du monde. M. Delebecque jubilait mais se taisait, ne disait pas un mot.

Après le déjeuner – qui s'est prolongé assez longtemps mais pas même assez au goût du gros Léon qui adore rester à parler autour de la table, nous a dit François, – nous sommes allés nous balader (les jeunes) jusqu'à quatre heures. Et nous sommes revenus pour les laisser partir tout de suite car Daudet travaille tout le temps.

En partant il a baisé la main de toutes les jeunes filles donc à moi et a serré sur son cœur celle de Mme Delebecque. Tout cela pourrait être grotesque avec sa corpulence mais ne l'est pas avec lui car sa laideur disparaît devant le charme communicatif qui s'émane de lui ; il est vraiment très séduisant. Il parle de sa femme dans des termes troublants et Jeanne me disait que ce ménage est extraordinaire comme accord d'intelligence et de cœur.

Enfin j'en aurais à te dire pour des heures, mais pendant ce temps et avec ce que j'ai eu à laver avant, la pauvre Jeanne est seule à repasser et il faut que j'aille l'aider. Ma chère, chère Maman je t'embrasse bien tendrement. Quand je vois ici les enfants embrasser leur mère cela me fait quelque chose. Cela fait si longtemps maintenant que je ne t'ai pas embrassée.

Au revoir, à bientôt. Bien des choses à tous. Je n'ai guère de temps pour écrire.

J'ai mis un mot à Do mais pour Papa je n'ai pas pu encore.

Françoise

DE SUZANNE MARETTE

Vendredi 25 septembre 1931

Tes lettres sont de bons moments dans ma journée, parce que tu me donnes tant de détails qu'il me semble vivre là-bas avec toi. Je suis bien contente de connaître la propriété. J'espère que la pauvre Jeanne ne se ressent plus de sa foulure. J'ai envoyé ce matin une boîte de sablés à l'adresse de Mlles et à M. Edmond Delebecque. J'espère ne pas être grondée. D'ailleurs comme je ne serai pas là, tu en seras quitte pour encaisser à ma place, et si une oreille me bourdonne trop je mettrai du coton avec de l'éther dedans pour l'anesthésier, mais tu diras à Edmond de ma part que c'est à l'adresse de l'Edmond de dix-huit mois d'âge dont j'ai gardé le souvenir, puisque celui de vingt-deux ans n'a jamais voulu me revoir. Et pourtant il y aurait eu tout avantage, étant maintenant un charmant jeune homme, et moi une vieille dame bien décatie. C'est le seul à la Bastide que je ne peux pas situer dans l'espace. Même M. Delebecque sans lui avoir jamais parlé, je puis projeter la silhouette sur la terrasse.

Ici rien de neuf, toujours la même vie bien calme. Je ne m'ennuie pas du tout; je lis, je travaille et j'entretiens avec joie mon volumineux courrier.

Je suis plongée dans le *Napoléon* de Ludwig après avoir terminé *Les Rythmes de l'Homme.* Ce gros Léon est un être formidablement doué; il joint à des connaissances scientifiques et médicales acquises et considérablement développées par la réflexion et la philosophie due aux années, un sens psychologique très prononcé et son livre est une merveille. Je regrette de ne pas être assez instruite médicalement pour en pouvoir jouir pleinement, mais il se met à la portée des esprits curieux et un peu documentés.

J'aurais tant de plaisir à lui écrire pour lui dire combien j'ai lu avec passion son livre parce que cette question m'intéresse tout spécialement et pour lui demander des explications supplémentaires sur deux ou trois points – mais je me laisse aller à des considérations inintéressantes pour toi.

As-tu écrit à ta grand-mère ? Elle était affolée « de te voir rouler toute seule toute une nuit » après avoir été affolée de te sentir ranger seule tes affaires de l'appartement vide. Elle aurait été si misérable à ton âge après cinq ans de mariage de voyager seule. Il est vrai qu'il y a entre elle et toi autant de différence qu'entre une pauvre colombe et un cuirassé réengagé ! C'est peut-être mieux d'être le cuirassier ajoute-t-elle ! Je l'avais invitée à venir samedi avec Phil (qui est dans une joie folle dit son père de venir ici) et à rester huit jours ici. Elle me répond que si elle avait eu du courage c'est à Nancy qu'elle aurait été parce que Gen. Ray a *vraiment* du chagrin de ne pas la voir mais qu'elle est trop fatiguée et souffrante pour bouger de son trou.

Je t'en supplie si je deviens pareille, préviens-moi, prends-moi entre quatre yeux et aide-moi à bifurquer sur une autre voie…

[…]

J'ai écrit à Bourg-la-Reine pour qu'elle garnisse de chrysanthèmes blancs si elle le peut ou de ce qu'elle jugera le mieux lui soulignant que je serais très *peinée* que tout ne soit pas très bien pour le 30[25].

Figure-toi que j'ai oublié l'anniversaire du conjungo Pierre Marette. J'ai câblé et écrit le lendemain disant que j'avais confondu le jour. Ils sont si loin et surtout si lointains ces pauvres êtres qu'on ne vit plus avec eux. Il y a vingt-deux jours que je n'ai rien reçu de Pierre. Je sais par une carte envoyée à André que tout va bien, que Nic rit aux éclats et cherche à s'asseoir, qu'ils ont reçu ton portrait « *tout à fait très bien* » qui leur a fait beaucoup de plaisir. Il fait aussi une morale formidable et déplacée (à mon avis) à André pour qu'il me laisse souffler etc. Ce n'est pas à lui qui se fiche de tout dans la famille à prendre des allures de chef pour morigéner ses frères. De la part de Jean cela serait naturel mais le Goth a encaissé cela très bien et n'en a même pas été choqué. [...]

Je t'embrasse bien tendrement ma vieille. Tu me manques bien mais je suis si contente de ces vacances pour toi. Évidemment distribue amitiés et remerciements à tous et à toutes de ma part. Marguerite a-t-elle été choquée de ma carte ?

Suz.

À SUZANNE MARETTE

Vendredi 2 octobre 1931,
la Bastide – 8 h 15 du matin

Ma chère Maman, c'est par lettre cette année qu'il me faut te souhaiter ton anniversaire. Il est de rigueur, quand on a dépassé la trentaine, de protester vivement le jour où on change de chiffre : « ne me rappelle pas que je vieillis », mais une maman, est-ce que cela vieillit[26] ? Si tu montes dans la vie c'est en entraînant derrière toi ceux qui tiennent de toi leur vie ; il y a là-dedans tant de richesse et d'élan que toute idée de vieillesse, c'est-à-dire de diminution de forces, d'abandon progressif de la vie, disparaît pour faire place à celle d'un épanouissement. Je te vois d'ici disant : il est joli l'épanouissement : devenir podagre, aveugle etc., etc. D'abord ce n'est pas vrai ; il y a peu de femmes qui ont fourni jusqu'à ton âge autant de travail – si, Mme Delebecque peut-être mais elle s'y prend mal – et surtout subi autant d'à-coups moraux et physiques qui comptent ! Encore maintenant, vivant la vie d'une Mme Chaix par exemple (mis à part l'ennui que cela te causerait), je veux dire ayant le temps de penser un peu à toi, eh bien, sois juste, tu serais autrement jeune qu'elle. La jeunesse existe à tout âge. Et je te dis moi, que tu es jeune ; il n'est pas question de compliments là-dedans. Tant que tu as agi par amour tu sauras mieux être jeune qu'une fille ou femme de vingt-cinq ans qui vit dans l'égoïsme par amour d'elle-même et pour elle. Je pense dans ce moment à Marg. J. par exemple. En la voyant j'ai toujours une impression de tristesse que je m'explique très bien maintenant, c'est le manque d'élan, manque de flamme ; elle répand autour d'elle l'abattement d'une vie usée quoique commencée à peine de vieillesse parce que l'amour dont elle vit (dommage que ce mot en français veuille dire tant de choses) n'est qu'égoïsme. Dimanche à l'heure du déjeuner je penserai à toi, accumulant en moi des baisers et de la tendresse pour deux jours après. Le 4 octobre c'est aussi la fête de saint François d'Assise; ce jour est vraiment très important.

Je t'écris de bonne heure ce matin parce que je me suis levée tôt, Mme Delebecque et Jeanne partaient pour Carpentras; c'est le jour du marché et je voulais leur dire bonjour et peut-être leur servir à quelque chose.

Aussitôt après leur départ j'ai fait mon lit et me voici.

[...]

Pour lire on a ici tout ce qu'on veut. Je lis pas mal de provençal. L'autre jour j'ai feuilleté du Molière pendant une heure et demie. J'ai relu *Œdipe-roi* et *Antigone,* quelle puissante beauté. Je lis en même temps maintenant *La Chartreuse de Parme* que j'avais emportée avec moi à Besse mais que je n'avais pas eu le temps de lire et *Les plaisirs et les jours* de Proust.

Edmond vient de l'acheter, cela vient d'être réédité. C'est la première fois que je lis du Proust, c'est une œuvre de jeunesse d'ailleurs, écrite entre vingt et vingt-cinq ans. Ce sont des essais détachés et sans suite. Ce genre d'esprit comme tu peux t'y attendre me plaît énormément, malgré l'étrangeté de certaines phrases risibles de plus d'une page et demie. C'est précisément parce que ce livre me plaît et que je sens qu'en le lisant trop ce serait mauvais pour moi qui ratiocine déjà trop, que je lis en même temps *La Chartreuse de Parme* ; sur quoi je n'ai pas encore d'opinion.

Aujourd'hui temps splendide, contrairement à toutes les prévisions qui n'autorisaient que le mistral après une journée comme celle d'hier, pour faire la transition avec le beau temps. [...] Nous pourrons ainsi aller nous promener. Plusieurs projets sont en l'air. Fontaine-de-Vaucluse, La Roque-Alric (quelque chose d'analogue au Grand Turc en face des dentelles de Montmirail) pour l'après-midi. Peut-être le Ventoux pour cette nuit. Du temps de Mistral on disait du Ventoux (prononcé le Vannetousse) « Sage qui n'y va pas, Fou qui y retourne ». Mistral et Anselme Mathieu je crois – un autre du félibrige – ont eu des aventures en redescendant du « Vannetousse », pris par une tempête, se trompant de chemin, au bout de deux jours appréhendés par des gendarmes qui les emmenaient au poste quand reconnus par un paysan qui en répondant d'eux et payant à boire aux gendarmes les a libérés.

Pétrarque aussi raconte son ascension, mais le crétin au sommet au lieu d'admirer ce qu'il voyait, partit en considérations philosophiques sur une phrase de Saint Augustin ! Mais sois sans crainte, maintenant tant de sages y sont allés et tant de fous retournés que le « Vannetousse dompeté » s'est fait accueillant pour tous ces pauvrets, et débonnaire.

Je t'écrirai encore demain et aussi dimanche mais

avant ces deux lettres tu recevras sans doute un des télégrammes que je mettrai dimanche ou lundi matin à ton adresse et à celle de Papa pour annoncer mon retour.

Je t'embrasse bien tendrement, ma chère maman en te souhaitant un peu de repos pour la nouvelle année.

Françoise

À SUZANNE MARETTE

20 août 1933[27]*, dimanche 5 h 30. Rapide 25.*
Entre Lyon et Valence.

Ma chère maman, je veux te mettre un mot à Avignon, excuse l'écriture, ça remue. Bon et beau voyage. La France est un si beau pays. J'ai vu le Midi se dessiner peu à peu. J'ai salué d'abord le premier champ de vignes, puis à Saint-Georges-de-Viennais le premier jeu de boules. Peu à peu chaleur et temps orageux.

Valence 6 heures.

Orage formidable ! M. Jamas ne peut me reprocher cette fois le terme impropre. Je crois n'avoir pas vu depuis Vic un tel orage. J'avais oublié ce que c'était. Depuis quelques kilomètres on ne voyait plus les parapets tant la pluie faisait rideau. Ici dans la gare ce sont des nuages d'eau qui balayent le quai, un éclair vient d'éclater au-dessus de la gare. Fracas. Les langues du Midi sont dénouées je t'assure. Ça jabote avé lassan. Té, pour Valènce où il ne pleut jamais ! J'espère que le temps sera remis pour cette pauvre Christiane demain car il y a cinquante mètres à faire à pied en grimpette entre le véhicule et le porche de l'église. C'est vraiment un orage pour gensse du Midi. Voilà que ça repart de plus belle. (C'est comme ma visite embêtante.) J'ai lutté tout le temps du voyage au mal de tête à coups d'aspirine, mais ce n'est pas trop pénible, l'impression seulement d'un œil droit de langouste. De temps en temps je presse dessus pour l'empêcher d'aller trop loin. (Rapport au monsieur d'en face de moi qui pourrait croire que je lui fais de l'œil et quel œil !) Je vous embrasse tous.

Françoise

À SUZANNE MARETTE

Mardi 22 août 1933, matin
avant de partir en excursion

Chère maman, ton télégramme est arrivé merveilleusement à point hier. Le mariage a été tout à fait réussi. Mme Delebecque était contente et pouvait l'être. Son repas de midi était une merveille. Edmond a beaucoup maigri et semble claqué le malheureux. Jeanne idem. Christiane était charmante dans une robe dessinée par Rouff et faite par je ne sais plus qui.

Il y a eu un léger incident. Le curé a refusé que Maurras signe comme témoin[28]. Du coup M. Delebecque a refusé de signer aussi. Incident sans bruit d'ailleurs. Je te raconterai les détails de tout cela. Après le départ des mariés, conduits par Edmond à Avignon. Tout d'un coup, coup de téléphone (car il y a le téléphone à la Bastide depuis quatre jours) les mariés avaient oublié leur livret de famille. Edmond a dit qu'il avait assisté à la première scène de ménage et que comme c'est René qui a tout pris c'était sans doute Christiane qui était responsable de l'oubli.

Je m'excuse de t'écrire si mal et si vite mais il ne m'a absolument pas été possible de t'écrire hier car j'ai aidé le plus possible pour les rangements. Ce matin nous partons pour aller coucher à Lure (chalet). Demain matin nous verrons le lever de soleil sur la montagne de Lure.

Hier soir soirée féerique. Coucher de soleil splendide après une journée agréable, pas étouffante.

Je t'embrasse tendrement te dis de la part de

M. Mme et tous à toi et à Papa et toute la famille bien des choses.

Françoise

À SUZANNE MARETTE

28 août 1933

Chère maman, tout va toujours bien ici. Quelques amis des Delebecque sont déjà partis et on sent que tous redoutent ici la solitude qui vient pour Jeanne. Elle a été épatante pendant tout le voyage et depuis, ne montrant pas la moindre fatigue, au contraire très en train. Hier soir tout d'un coup comme une massue la fatigue est tombée sur elle et je la trouve bien tirée. J'ai compris ce que tu me disais parfois et dont je ne m'étais pas encore rendu compte mais cette fille a tant de ressort que cela ne dure guère et déjà ce matin elle a l'air reposée. Le mouchoir lui a fait un très grand plaisir. Ta lettre l'a touchée au fond du cœur elle me l'a dit plusieurs fois et Mme Delebecque aussi. Nous parlons tous souvent de vous, et de toi en particulier. D'ailleurs je ne dis rien mais j'écoute et je trouve qu'on te connaît bien. Hier soir Marguerite m'a dit combien elle t'admirait etc. que tu lui étais un modèle. Évidemment tu n'es peut-être pas contente que je te raconte cela mais puisque c'est vrai et que je ne suis pas là pour me faire rabrouer je dis ce qui est. Je pense souvent à ce que tu me dis souvent : « tu es dure » et que tu m'as encore dit avant que je te quitte. Je cherche l'explication. Je vois que je dois te faire souvent de la peine et je suis trop pataude pour prévoir, mais tu sais bien que je t'aime beaucoup; que si quelquefois j'ai sur des choses et des gens des opinions différentes des tiennes ce n'est pas très profond. Et puis les idées et les actes s'ils vont parfois de pair sont quelquefois aussi en bisbille. Ce qui compte c'est l'œuvre qu'on fait ou qu'on veut faire. Là vraiment je veux et ne veux qu'être digne de toi. Pardonne-moi de t'écrire ainsi très mal ce que je pense sûrement mieux, mais que certainement je ne dois pas savoir dire du tout pour que nos conversations te peinent si souvent.

Je voulais partir mercredi matin afin de voyager de jour, ce que je préfère par goût et pour la moindre fatigue mais il se trouve que mercredi est le premier jour du marché au raisin à Carpentras et la voiture est occupée de cinq heures à huit heures. Ce serait une grosse gêne pour les Delebecque de me conduire à un train. Je partirai donc mercredi par le train du soir qui arrive à Paris vers huit heures du matin. Ainsi j'aurai juste la journée du jeudi pour arranger mes affaires; je n'aurai pas même le temps de m'apercevoir que je serai seule. Je suis un peu plus attachée encore à la Provence qu'il y a deux ans. C'est un si beau pays. J'ai noté quelques routes spécialement belles pour le cas où tu voudrais revenir avec Papa par ici. Sans bouger de la voiture on peut jouir de bien belles choses.

[...]

À bientôt ma chère maman, je t'embrasse tendrement.

Françoise

DE SUZANNE MARETTE

[Deauville] 31 août 1933

J'ai été contente d'entendre ta voix ce matin, ma bonne fille. Ne te fais pas de bile sur mon cas. Je vais mieux et me soigne très sérieusement; la Sœur me masse tous les matins, et je prends des bains, longs et chauds, la circulation se rétablit très bien mais j'ai la jambe et le bras couleur quetsche bien mûre! Le nez n'est pas cassé mais arc-en-ciel avec la joue gauche.

Je reste couchée une partie de la matinée et l'après-midi je me promène en auto, car ton père qui a la bougeotte ne le ferait pas sans moi! Demain nous allons à Bagnoles, et dimanche ton père a fourré dans sa tête d'aller avec les G. au

Cap de la Hague coucher dimanche rentrer lundi. Quatre cents kilomètres. J'ai peur que cela soit fatigant pour lui. Enfin ! Il va bien, très bien. En ce moment je ne conduis pas, par raison. J'ai peur que ce ne soit beaucoup pour Phil que la nervosité de ton père fatigue et qui, voyant mal, se fatigue plus qu'un autre. Enfin espérons que le ciel nous protégera. Du Maroc mauvaises nouvelles. Pierre est rentré les opérations terminées pour trouver Yvonne et Nicole couchées et Mme Hurel les soignant. Yvonne deux furoncles dans le dos une angine et anémie générale. Nicole dysenterie dont on ne connaît pas encore la cause, ses selles étant à l'institut d'hygiène pour examen. En PS, il me met que l'examen au microscope n'a pas permis de trouver amibes ou protozoaires quelconques. Il m'enverra dans quarante-huit heures le résultat de la culture. Pourvu qu'elle ne refasse pas de convulsions ! Aussitôt finie la dysenterie Nik restera dix jours à Rabat pour se retaper avant de voyager et il les amènera avec trente jours de permission et les laissera quinze jours derrière lui pour se retaper complètement.

Le docteur a dit qu'il était nécessaire que Nicole aussitôt en état parte en France pour y faire sa convalescence et qu'Yvonne en a autant besoin pour *se reposer, se retaper, se changer les idées*. « Tout le temps de mon absence dit Pierre, elle a broyé du noir et vécu en recluse. » Vraiment c'est terrible d'être ainsi. Tu vois que je n'ai que le temps pour être en forme. Il ne croit pas pouvoir arriver avant le 15 ou le 20. Pour Nicole cela m'ennuie un peu.

C'est tout pour ce soir, je t'embrasse. Fais mettre de la glace pour pouvoir avoir tes aliments la veille au soir au besoin.

Tire-toi d'affaire pour le mieux avec M. Lux. Je vais lui écrire de faire le déjeuner. Je voudrais déjà être rentrée. N'écris pas si tu n'as pas le temps.

À SUZANNE MARETTE

[Deauville] 26 juillet 1934

Chère maman, j'ai longuement hésité à te téléphoner tout à l'heure. J'aurais voulu savoir de vive voix ce que Rouy avait dit d'une part, et d'autre part ce que tu entendais dire par Papa et l'Action française des événements politiques extérieurs. L'inquiétude est grande à Deauville et les journaux pris d'assaut. J'aurais voulu savoir aussi quelques nouvelles de Philippe dont Mademoiselle a reçu une lettre banale sans aucun renseignement d'aucune sorte sauf qu'il avait trouvé une famille. Mais avec les récents événements va-t-il rester là-bas [29] ? Finalement nous avons conclu à trois que papa ne serait peut-être pas content qu'on dépense au moins huit francs et sans doute plus pour savoir des choses qui ne sont pas indispensables à la vie des deux bouts de la famille : celle de Paris et celle d'ici. Et puis je n'étais pas certaine de tomber sur toi seule à la maison.

Pour moi ne t'inquiète pas, je vais déjà certainement mieux. Je suis moins fatiguée quand vient le soir, je ne me fatigue pas, la journée de mardi entière je me suis reposée ; hier j'ai joué au tennis le matin et puis un bain le soir, aujourd'hui je me repose et si le temps arrive à se lever je jouerai peut-être un peu, pas assez pour me fatiguer, seulement pour remuer et suer un peu. Moi-même et Mademoiselle nous trouvons que j'ai meilleure mine.

Je voudrais être déjà un peu brunie pour te faire plaisir quand tu arriveras. Mais quand sera-ce ?

C'était hier – du moins je le crois – que tu devais voir Gisèle F.

J'ai pensé à toi et au désagrément que cela a dû être pour toi ma pauvre maman puisque cela t'est si pénible maintenant de revoir les Delebecque ou leurs amis qui me connaissaient[30]. Je te comprends si bien vois-tu que mercredi j'étais très peinée pour toi mais cette fois je ne pouvais rien faire pour t'éviter cette entrevue, je ne pouvais que te la souhaiter moins amère – ce qu'elle a peut-être été grâce à mon éloignement. Je me rends très bien compte tu sais de l'humiliation que je t'ai causée, de la déchirure profonde que tu as ressentie à propos de moi cette année. Je ne me suis pas montrée digne de toi, de ton énergie, de ta volonté, de ta grandeur morale; aussi ce qui m'a touchée c'est ton attitude de pitié à mon égard. Je te remercie beaucoup. Tu me reproches peut-être en me lisant d'être sèche, je le crains et si tu voyais pourtant le fond de moi-même pendant que j'écris tu verrais que cela ne vient que de l'impossibilité de faire des phrases mais que je ne pense pas sèchement. Après tout ce que tu as passé pour moi et à cause de moi je voudrais tant que tu sois un jour de nouveau fière de moi, et sans en espérer tant, que tu comprennes mon affection et mon désir de devenir une femme digne de toi, même si je ne peux pas t'imiter en tout, faute de moyens. Je me rends compte de tout ce qui me manque en comparaison de toi mais je suis sûre qu'en sachant me contenter de ce que j'ai reçu je pourrai quand je serai parfaitement guérie fonder une famille où tous seront heureux. C'est mon plus cher désir et ce sera n'est-ce pas le meilleur moyen de te remercier de m'avoir donné la vie… et le reste.

À bientôt ma chère maman. Je t'embrasse. Je sais que tu ne peux pas oublier et je ne te demande que pardon.

Françoise

DE SUZANNE MARETTE

Vendredi soir 27 juillet 1934

Merci de ta lettre, ma chère petite ; je sens que tu l'as écrite avec une réelle affection pour moi, avec une certaine gêne aussi qui te fait dire des choses que tu ne dois pas penser dans le fond, et que je ne veux pas laisser passer. J'ai peut-être de l'énergie et de la volonté : cela je le dois d'une part à l'hérédité de mon grand-père Secrétan, de l'autre, à l'éducation que j'ai reçue de mon père.

Mais, je n'ai pas de grandeur d'âme. Je tâche de faire mon devoir en essayant de le comprendre et en tâchant de devenir avec l'âge plus indulgente. Mais, quoi que je sois, il ne faut pas essayer de m'imiter, vois-tu. Il faut que tu continues l'évolution commencée en cherchant dans le fond de ton être ton véritable « toi ». Il sera peut-être un peu semblable à mon « moi » car l'hérédité et l'éducation, les traditions nous rapprochent mais il faut être toi-même. Tu es bien plus douée que moi sous beaucoup de rapports. Nous avons des qualités différentes. Il faut rester toi-même et solidement accrochée à ce que tu auras jugé être ta personnalité.

Je suis convaincue aussi que tu pourras fonder

un foyer et y rendre heureux ceux qui en font partie. Tu sais que ce jour-là je serai très heureuse.

Je ne voudrais pas quitter ce monde en te laissant seule ici-bas pour faire le chemin. Il est souvent dur et on a plus de courage pour supporter les mauvais jours quand on cherche à les adoucir pour les autres.

J'ai eu du chagrin pour toi cet hiver, et surtout pour ton manque de confiance en moi que je n'avais pas mérité, c'est entendu. Mais tout cela est oublié, je n'y pense plus. Il ne faut jamais regarder en arrière, mais bien en avant où il y a toujours du bien à faire. J'espère que l'arrêt de tes séances avec M. Laforgue te sera bon, et qu'à la rentrée tu avanceras plus rapidement vers l'amélioration souhaitée. La visite de Gisèle fut très banale. C'est une charmante et bonne fille mais assez timide, et l'on sent qu'elle ne peut dire tout ce que son cœur ressent très vivement. Le terrain musique nous a réunies. Elle aime beaucoup cela, et y consacre le plus clair de son temps. Je vais écrire au fils Vinson (vicaire) pour savoir si elle ne pourrait trouver une place d'organiste payée ou non dans une paroisse très simple de la périphérie pour commencer ; elle aimerait tant cela – et je la comprends, l'orgue doit être un instrument si passionnant. Elle dit que maintenant, elle est assez bonne en harmonie et en composition pour tenir un orgue convenablement.

J'ai reçu deux réponses de Mme B. et de sa fille, à mes félicitations. La mère dit que Ginette va vraiment mieux mais ajoute : « Quels jours et quelles nuits elle m'a fait passer à notre arrivée ici ! »

Ton père est à Montbard jusqu'à demain samedi soir. Il est mieux, ne souffre plus guère mais est très fatigué ; j'ai hâte qu'il se repose et il ne veut pas partir sans moi. Or je ne peux quitter la maison avant que les tapis ne soient reposés, car nous devons décider au fur et à mesure de ce qu'on prend pour remplacer les endroits usés. Après Stanislas se débrouillera comme il pourra avec Lina. Ce sera déjà assez scabreux, lui n'est pas très soigneux et elle n'y connaît rien, mais il ne peut être question que je revienne ou que je reste par derrière. Au petit bonheur ! Aujourd'hui j'ai une Grecque qui raccommode à domicile tapis de Phil de Jacques et de l'entrée ; elle a l'amour du tapis cette femme, c'est tordant, jolie et accent très prononcé.

Pour la politique je ne peux rien te dire. Depuis la guerre on n'a jamais parlé aussi ouvertement de nouveaux conflits. C'est fou – dans la TSF dans les journaux c'est net, mais je crois qu'Hitler a un peu peur, et qu'il a l'air de vouloir se calmer. C'est un fou, il ne s'est pas rendu compte du mouvement qu'il a mis en route. Souhaitons que maintenant il ne soit pas entraîné malgré lui s'il veut freiner. Généralement je mets la TSF dans le cabinet de toilette pendant que nous nous habillons pour avoir les nouvelles tout de suite le matin. Ce matin (samedi) car je n'ai pu terminer ma lettre hier soir, je ne l'ai pas fait et ne sais pas encore les nouvelles. Ton père ne sait rien. Pierre voyait *très noir* le premier jour, maintenant croit aussi que cela peut s'arranger. Rouy l'autre jour voyait très noir ; d'ailleurs on ne pouvait voir autrement ! Ah ! que les hommes sont fous !

Si l'Italie prend nettement l'attitude de protection envers l'Autriche, cela fera réfléchir les Boches, je crois. Du côté A.F. je n'ai vu personne et n'ai aucune nouvelle qui puisse donner des tuyaux. Je file chez Margte et ferme pour que cette lettre parte.

Je t'aime toujours autant, sois-en persuadée, et j'ai confiance en toi pour l'avenir.

Je t'embrasse.

Suz.

Pour ton père, la seule chose qui m'ennuie, c'est que le muscle cardiaque se fatigue, c'est net, et que devant n'importe quel accroc, il se trouve dans un état d'infériorité au point de vue cardiaque. Il lui faudrait une vie exempte de toute fatigue de toute émotion etc. et il déteste cela moralement. Enfin, vivons au jour le jour.

Je n'ai pas eu le temps de relire de corriger fautes

d'orthographes et j'ai écrit tout cela en trois fois, pardon.

À SUZANNE MARETTE

Paris 18 avril 1935 – 10 heures

Ma chère Maman, un mot hâtif avant de partir. En même temps je t'expédie une lettre de K. arrivée ce matin.

Je pars tout à l'heure à 13h40. J'arrive à Deauville à 17h46. J'ai ainsi la matinée et voici pourquoi. Hier c'était l'enterrement du Général J. J'ai pensé que c'était gentil d'offrir à Do la voiture, cela lui a ainsi évité de fréter un taxi avec Tante Paule et en même temps je t'ai représentée auprès de Mme J. S'il n'y avait pas eu cela je serais allée hier matin me présenter à mon nouveau service et y prendre le vent. Voici ce que j'ai pu obtenir et avec grande chance d'ailleurs. À Bretonneau, Dr Leveuf chirurgie infantile. De tous côtés on m'a dit que c'était bien, et puis je n'avais pas le choix. Quand je suis passée il n'y avait plus que deux places de chirurgie et deux chez Leveuf. Après ce n'était plus que des Tuberculeux ou ophtalmologie. J'étais bien ennuyée. Tous les services se comblaient et je voyais le moment où j'aurais dû prendre n'importe quel service excentrique de Tuberculeux quitte à me faire mettre en congé ensuite. Enfin tout est pour le mieux heureusement. À part l'éloignement, c'est après Ohmedanne le meilleur service de chirurgie infantile.

Ma valise est faite. Je vais tout de suite la mettre à la consigne, puis à l'hôpital (c'est au Nord de la gare Saint-Lazare, rue Carpeaux) et je reprendrai ma valise ensuite pour prendre le train.

J'ai reçu hier ta carte du bateau. Je pense beaucoup à vous, je suis contente que Papa aille bien. Dis-lui que je l'embrasse. Je n'ai rien reçu de Ph. depuis le lendemain de votre départ.

Excellentes nouvelles d'Odette Marette, elle bénit sa sœur, Claoué et tous ceux qui l'ont poussée à se faire opérer. Il faut que je te quitte.

Je t'embrasse bien tendrement.

Françoise

À SUZANNE MARETTE

Le Croisic 26 juillet 1935

Ma chère Maman, j'apprends par Papa que tu es partie pour Sancellemoz[31] et tu sais, cela ne me fait pas plaisir. Je trouve que tu as été très imprudente à tous points de vue; et je suis furieuse contre Rouy parce que tu n'avais absolument pas d'emphysème et si il t'a laissé croire cela ce n'est pas bien du tout. Ou bien il ne t'a pas auscultée ou bien il ne sait plus le faire à force de ne jamais ausculter les gens.

Mais maintenant que c'est fait, il n'y a plus à épiloguer, il n'y a qu'à espérer que tu ne seras pas revenue en trop mauvais état et que ces changements brusques d'altitude ne t'auront pas aggravé ta congestion.

Si tu étais trop fatiguée pour venir par l'auto au Croisic, Charlotte te propose d'arriver au Croisic avant Papa et Pierre, aussitôt que tu le veux. Tu logerais où tu voudrais ; soit dans la chambre du port qui est libre soit chez elle en attendant l'arrivée des autres et au moins tu aurais deux journées de vrai repos. Tu devrais bien faire cela parce que Deauville l'été n'est pas reposant du tout pour toi et que c'est bien ennuyeux d'y arriver si fatiguée. Tu avais très mauvaise mine quand je t'ai quittée. Je n'ai pas compris comment tu t'arrangeais en partant le vendredi soir ; et c'est pourquoi je n'ose pas t'écrire chez Phil. ne sachant pas jusqu'à quand tu y restes. Ma lettre t'attendra à Paris.

Je suis comme un coq en pâte chez les Dauvin qui sont *très gentils* pour moi. Je me lève très tard, Charlotte m'a même apporté mon thé dans mon lit jusqu'à ce matin et je ne fais que me reposer toute la journée. Il fait un soleil implacable mais avec beaucoup de vent. Je n'ai pas encore pu prendre de bains et d'ailleurs cela ne me tente pas ; cet après-midi je suis obligée d'aller avec Charlotte à la cabine des Painvin[32] (ils nous ont invités à déjeuner hier) et ils m'ont dit d'apporter mon costume de bain.

Cela m'ennuie de me montrer mais il vaut encore mieux être simple et faire comme ses petites filles si elles se baignent cet après-midi.

J'étais très fatiguée en arrivant mais maintenant je suis déjà tout à fait retapée grâce aux bons soins des Dauvin. Je n'ai fait qu'un dessin, le porche Nord de l'église jusqu'à maintenant, je voudrais bien faire de l'aquarelle mais huit jours seulement ce n'est guère long surtout que les premiers jours j'aime être paresseuse et regarder simplement. Si par hasard tu arrivais plus tôt au Croisic je pourrais te voir et avoir des nouvelles de Philippe. […]

J'espère que tu rapporteras une meilleure impression que la fois dernière de ta visite à Philippe.

Je t'embrasse bien tendrement ma chère Maman.

Françoise

Bravo pour la moto-vélo d'André.

À SUZANNE MARETTE

Paris 28 août 1935

Ma chère Maman, mais si tu es très gentille de m'écrire autant que tu le fais, je sais tout ce que tu as à faire et que lorsque tu écris, il y a bien d'autres personnes qui attendent des lettres de toi, et qui peuvent moins attendre que moi. Philippe par exemple.

Pour moi aussi, tu sais ma vie est semblable tous les jours. Il fait très mauvais et froid. On se dirait au milieu d'octobre, mais encore cet après-midi malgré une pluie fine il y avait des grondements de tonnerre qui prouvaient que c'était un orage. Aussi tout peut s'arranger d'un jour à l'autre.

Je vais m'occuper des bougies comme tu me l'as expliqué, dans quelques jours.

Aujourd'hui Marie Fageon est montée vers une heure et demie, j'étais toute étonnée. Elle venait m'annoncer la mort de Malvaux, le mari de Marie Lux. Celle-ci était si bouleversée qu'elle ne m'avait rien fait dire ni à personne et Marie Fageon y était passée par hasard pour aller lui dire bonjour. Marie Lux lui a dit que si elle pouvait me prévenir cela lui ferait plaisir. Je suis allée la voir dans l'après-midi et lui porter des fleurs. Son pauvre homme s'est endormi. Elle n'a pas voulu croire qu'il était mort jusqu'à ce que le médecin le lui certifie. Elle fait pitié, se trouve toute désemparée car elle ne faisait que le soigner toute la journée. Elle est très entourée, s'en va dans un patelin aux environs où son mari veut être inhumé et où ils avaient loué une bicoque. Elle va s'en débarrasser. Elle s'en va là avec une cousine que j'ai vue, très gentille ainsi qu'une fille de cette femme. Elle s'excuse de ne t'avoir pas prévenue mais elle est trop fatiguée pour l'instant.

M. Fourcade est venu hier et aujourd'hui toute la journée, ça sent bon l'encaustique dans tout l'appartement.

À propos de la charade, cela me fait de la peine que Papa cherche si longtemps car certainement il ne trouvera pas. Peut-être voudrait-il savoir le « tout ». Et même ainsi je ne sais s'il trouvera le système pour y arriver. Le milliardaire américain c'est Carnegy.

J'ai reçu une lettre de Mme Chapelot. Elle m'invite à déjeuner à Épinay jeudi 5. Je ne crois pas que je pourrai y aller pour déjeuner, je serais chez elle trop tard mais j'irai sûrement y passer l'après-midi.

Cette semaine je n'ai vu personne. D'ailleurs depuis Deauville je n'ai vu que les Bernard une fois et les C. Je ne m'ennuie d'ailleurs pas, j'ai beaucoup de choses à faire à la maison, raccommodage, lavage, couture (pour arranger des choses pour aller en Provence) et des livres à lire. Je profite de mon temps libre car d'ici deux mois je n'en aurai plus guère ! Je t'embrasse bien tendrement.

Françoise

Je te remercie beaucoup pour la photo de Nic. Félicitations pour ce joli travail.

DE SUZANNE MARETTE

Samedi 31 août 1935

Ma chère Franç, tu es bien bonne de ne pas t'apercevoir que je ne t'écris pas. Cela simplifie la situation. D'ailleurs je n'ai absolument rien à dire : pluie repluie, brassières re brassières trois paires chaussons tricolores pour le « fils » L. afin d'économiser un autre cadeau. Le 7 c'est le baptême de ce vagissant. À part cela tout va très bien le pays est très calme mais il y a encore beaucoup de gens pas mal à la plage quand il fait bon. Nous avons embarqué Do hier j'espère qu'elle est arrivée en bon état dans les bras d'Auguste. La pauvre femme était si malheureuse de faire seule ce petit trajet. Je n'ai jamais su si les ramoneurs avaient fait leur travail à la maison, et s'ils ont réparé le fourneau. Voudrais-tu demander à Lina et me le dire. La pauvre Marie est prise de la hantise de retrouver ce fourneau qui ne veut pas s'allumer. Ici elle trouve le sien si bon.

J'écris un mot à Marie Lux; la pauvre femme une fois les premiers mois passés sera délivrée d'une grosse fatigue et pourra vivre un peu à sa guise. Elle ne pouvait même pas nettoyer chez elle. Ira-t-elle en Amérique ou chez son fils. Seulement je ne sais pas son numéro rue de l'Annonciation. Si Mademoiselle ne le sait pas (elle est sortie) je te l'enverrai pour que tu lui remettes.

Je t'envoie quelques photos prises par Pierre. Quelle mort brutale et stupide a eue cette pauvre reine Astrid[33], nous en avons été bouleversés. Ils étaient sympathiques ces deux-là. Vraiment la destinée de cette famille est tragique. Phil m'écrit qu'O. est à Sancellemoz et lui a longuement parlé. Il a été *très* malade deux poumons pris, impossibilité de pneumos, et y retourne deux quinzaines par an pour tenir le coup. Tu feras bien de te méfier dans ton service d'une contamination possible. Phil n'est plus contagieux. Celui-là l'est pour les gosses qu'il soigne. C'est lamentable.

Je t'embrasse

Suz

À SUZANNE MARETTE

Paris 2 septembre 1935

Ma chère Maman, je te remercie beaucoup des photos, j'en suis ravie; mais j'ai vu derrière « colane[34] », peut-être voulais-tu que je te les renvoie si elles sont à toi. Je te les rendrai si tu n'en as pas d'autres à ton retour et j'en demanderai pour moi.

Je suis allée voir Do samedi soir après dîner parce que je n'ai pas su qu'elle fût rentrée avant. Je l'ai trouvée en très bonne forme. Elle a bonne mine et avait l'air content « dans l'ensemble ». Elle m'a montré des photos très bonnes. La voiture fleurie agrandie. Celle de Valentigney où vous êtes toutes les deux avec Jean-Pierre et les chats. Celle où tu es à la porte de la Coccinelle, et une désopilante, je t'en prie procure-m'en une : toi et Papa dans le jardin. Hier dimanche je devais aller voir Agnès et partir directement de l'hôpital. Déjà samedi soir quand je suis allée voir Do j'avais mal à la tête et j'étais mal fichue. En revenant j'ai téléphoné à Grenaudier pour lui dire que j'étais fatiguée et lui demander s'il ne pourrait pas aller le dimanche matin à la consultation à ma place, ce qu'il a fait. Et j'ai bien fait parce que j'ai tellement souffert des reins et ventre la nuit que dimanche j'étais contente de rester toute la journée à me reposer. Aujourd'hui c'est fini. J'ai seulement l'air un peu fatigué. Il y avait bien longtemps que je n'avais pas eu un retard, de onze jours, et c'est sans doute pour cela. Je vais encore me reposer cet après-midi. Ce soir je dîne chez les Jean, demain soir chez Do avec eux et peut-être irai-je voir Agnès demain après-midi si le temps continue à être aussi beau quoique venteux.

Je ne comprends rien pour les fumistes. C'est eux qui devaient prévenir leur patron qui devait t'écrire. Ils n'ont absolument rien dit, ni à Lina, ni à la concierge. J'ai l'adresse. Tout à l'heure, quand il sera deux heures je téléphonerai pour savoir ce qu'il en est. Je vais voir demain soir avec Marie, ce qu'on pourrait prévoir pour les bougies. J'ai pensé que du liège, ou un couvercle de boîte de carton pas haut pourrait bien faire l'affaire. Enfin nous verrons ensemble.

J'ai terminé les six volumes de Romains et je suis impatiente de voir paraître les suivants. Je trouve que les derniers sont bien plus intéressants que les premiers.

Voilà ma chère Maman, je n'ai pas des choses très rares à te raconter. Je pense avec joie à la Provence que j'espère revoir bientôt et j'espère aussi qu'il fera chaud et beau. Je n'ai pas encore trouvé de remplaçant pour rester une semaine de plus mais je pense que d'ici quinze jours j'en aurai trouvé. En tous cas, deux semaines c'est déjà bien.

Je t'embrasse bien tendrement, encore merci pour les photos.

Françoise

P.S. Je vais jeudi à Épinay

Voilà. J'ai téléphoné. Ce soir même on enverra à Papa, à Deauville le devis des travaux à faire. Il y a eu malentendu paraît-il. Le patron croyait que les ouvriers avaient dit quelque chose et le patron attendait ton avis. Ça aurait pu durer longtemps, moi j'étais convaincue que tu avais reçu des renseignements de la maison après ce qu'avaient dit les ouvriers.

À SUZANNE MARETTE

Marseille, 20 septembre 1935

Ma chère Maman, j'ai eu un nombreux courrier ce matin à la poste et cela m'a fait bien plaisir. J'ai eu une réponse de Marguerite Caulliez, la sœur de Madeleine, la jeune externe que tu connais. Elle quitte Toulon demain malheureusement et regrette beaucoup de ne pouvoir me piloter dans des bateaux de guerre ! car elle adore cela et qu'elle a beaucoup d'amis officiers de marine.

J'ai téléphoné aux Laforgue. J'irai les voir lundi ou mardi pour déjeuner mais de Toulon parce que le car qui y passe venant de Marseille ne part qu'une fois par jour à dix-sept heures, il n'est donc pas commode. De Toulon au contraire il y en a six par jour dans les deux sens. Je ne sais pas encore si j'irai tout en restant pour coucher à Marseille ; il y a un autobus toutes les demi-heures de six heures du matin à neuf heures du soir pour Toulon ; ou si j'irai de Toulon où je coucherais. De toutes façons Toulon est sur mon chemin puisque je veux faire la route de la Corniche en quittant Marseille. Enfin je verrai. Je suis *très bien* dans l'hôtel où je suis venue après une mauvaise nuit au Bristol qui m'avait un peu découragée surtout après l'impression désagréable de l'arrivée à Marseille seule. Je suis venue à *l'hôtel de Provence*. J'ai une énorme chambre, avec un cabinet de toilette séparé, tout le confort, une vue magnifique sur la Bourse dont je suis séparée par une énorme place qu'on a faite là en démolissant des tas de maisons je crois. Quelque chose comme la place Djemma Elfna, aussi distrayante à voir et aussi ensoleillée. Il y a dans ce moment le cirque Pinder avec onze éléphants que j'ai vus passer et cela ne prend qu'une petite partie de la place ! De plus à droite de la Bourse je vois le vieux port et l'eau qui miroite. À gauche au-dessus des maisons l'église N.D. de la Garde. Aujourd'hui je suis restée dans cette chambre toute la journée depuis mon déménagement et le tour à pied en allant chercher les lettres. Rien que de regarder par ma vaste fenêtre est une occupation. J'ai voulu me reposer les pieds.

J'ai terminé une aquarelle commencée l'autre jour en attendant un autobus au retour du Ventoux.

La journée a été chaude ; et avant le dîner je vais prendre le tramway qui fait la route de la Corniche pour voir le coucher de soleil sur la mer.

J'irai demain sans doute à la Sainte-Baume.

Papa m'a raconté votre voyage sous la pluie chez les L. D'après ce qu'il m'en dit leur propriété doit être très bien. C'est dommage que vous l'ayez vue comme cela. J'irai avec plaisir avec vous si vous y retournez comme Papa me dit que vous en avez parlé.

J'ai reçu un mot de Phil. avant son départ à Sancellemoz. Comme il doit être heureux après la dernière visite rassurante à tous points de vue de Tobé. Je pense que tu dois être très occupée, et tu le seras davantage encore maintenant que Mémé s'en va. Ne m'écris pas si tu n'en as pas le temps, je comprendrai très bien.

Ne t'inquiète pas pour moi. Évidemment ce beau voyage gagnerait si je pouvais partager mes impressions, parler un peu, mais, ce n'est pas mauvais de se sentir seule et d'avoir à se débrouiller, trajets, bagages, hôtels. J'ai bien fait de commencer par Avignon, c'était un premier pas. Déjà affolée – du moins exactement : pas très rassurée – dans cette petite ville en y arrivant, cela m'a servi de première expérience, mais Marseille qui est : une grosse citrouille par rapport au petit melong d'Avignon, m'a donné un peu le trac. C'est absolument cela. Maintenant je suis plus rassurée, mais je suis honteuse à mon âge d'être encore si craintive (malgré mes airs « très sûre de moi »). Je t'embrasse bien affectueusement.

Françoise

Pour le courrier rien de changé aux dates encore. Si vous voulez m'écrire à l'hôtel de Provence 16 cours Belzunce, comme vous voulez mais j'irai voir à la Poste qui n'est pas loin si je n'ai rien ici.

À SUZANNE MARETTE

Samedi 28 septembre 1935
Hôtel de la Loube – La Roquebrussanne – Var

Ma chère Maman,

Ce matin un courrier nombreux m'est arrivé, renvoyé de Marseille et de Nice. Deux lettres de papa et deux pointillés de toi. [...]

Tu as dû savoir par ma lettre à papa que je me suis fixée pour une huitaine dans un patelin à cinq kilomètres des Laforgue. C'est extrêmement joli ; à part une journée de mistral, ensoleillée d'ailleurs mais froide à cause du vent pénétrant, je continue à avoir un temps beau et très chaud. Mon séjour ici est bien agréable. Je ne suis plus seule, allant au moins une fois par jour au Chaberts pour vendanges, ce qui me fait prendre de l'exercice car l'aller et retour à lui seul représente dix kilomètres. Je suis très contente de voir vivre de près les Laforgue ; j'estime de plus en plus Madame qui au point de vue de l'activité, du cran et de ses qualités de maîtresse de maison est une femme dans ton genre. Elle est debout tous les jours à six heures du matin, et malgré cette activité débordante, elle n'est jamais fatigante, répandant l'harmonieuse paix à toute la maison : belles-mères, invités, ouvriers, vendangeurs, régisseur, chiens et basse-cour. Il est dommage que cette femme n'ait pas d'enfants, tant on la sent maternelle. Il y a d'ailleurs là des enfants des gens du pays qui l'adorent. Elle est d'une grande simplicité ce qui ajoute à son charme de femme bien équilibrée. Mais je pense que tout ce que je peux te raconter sur les Laforgue t'ennuie peut-être, cependant j'aime mieux tout de même te parler de ce que je fais plutôt que de te dire des lieux communs.

D'autre part, si différentes que s'affirment – nous devons le reconnaître – nos manières de voir, maman, mon affection pour toi n'en est que plus nette et sûre, étant indépendante et on aime toujours suivre de loin ceux qui vous sont chers. C'est pourquoi je te parle aussi naturellement. Et puis il me semble qu'il arrivera sûrement un jour où tu oublieras tes déceptions d'éducatrice devant ta fille qui te paraît à tort en opposition avec toi et qui n'est que différente, avec les dons que tu lui as donnés, qui t'aime et t'estime à la fois comme une fille le peut vis-à-vis de sa mère et vis-à-vis d'une femme qu'elle juge à sa valeur.

Je te parle là si simplement comme je pense, le sens-tu ? Je le voudrais tant. Je sais que tu n'es pas pour le « culte » des anniversaires, comme Do, car nous avons assez souvent parlé de cela, néanmoins je penserai à toi après-demain[35]. Maladroite ? je le suis peut-être mais ton autre fille tout de même et qui t'embrasse tendrement.

Françoise

DE SUZANNE MARETTE

*Vendredi 19 août 1938**

Ce mot, ma chère Françoise pour te souhaiter bon voyage et te remercier de ta lettre... Si vraiment ton séjour ici t'a plu, j'en suis très heureuse. En tous cas tu as fait un gros effort ainsi que Phil. Pour venir dans ce pays que vous n'aimez pas et dans ce milieu qui n'est plus le vôtre, et de cela je vous suis reconnaissante. Cela aurait été évidemment plus gai pour vous d'être plusieurs ensemble, au lieu d'être seul chacun, car les jeunes se plaisent avec les jeunes, une autre année se sera peut-être possible.

Tu te souviens de petits détails de mon premier voyage en Grèce que j'avais tout à fait oubliés excepté le certain linge dont je pourrais camper la tête si Dieu m'avait donné le don du dessin, hélas ! qui me manque. Mais j'ai retrouvé il y a un mois toute ma correspondance avec maman lettres d'elle et de moi pendant ce voyage que j'avais aussi oubliées et qu'elle m'avait rendues lors de mon mariage. Il ressort de tout cela que mon unique souci était la santé de papa dont je lui relatais les

* Lettre inédite.

plus petits détails. Elle de son côté clouée à Paris par des pertes constantes comptait entièrement sur moi quoi qu'il puisse arriver, et me relatait à son tour tous les méfaits de ma pauvre sœur « Tote » alors qui était à la veille de sa première communion et odieuse et dont je m'occupais entièrement à Paris, Mademoiselle n'étant pas encore à la maison. Cela est si loin qu'en relisant je revivais l'histoire d'une autre que je trouvais bien mûre pour ses dix-huit ans... De tout ce voyage il ne m'est resté que les impressions du premier contact avec la beauté grecque à un âge où les enthousiasmes sont immenses, et les conversations très sérieuses avec un père âgé et malade qui comptait absolument sur son aînée pour toute sa famille. J'espère n'avoir pas trahi la confiance qu'il avait mise en moi.

J'espère que tu auras un beau ciel et un beau soleil et je penserai à toi pendant ton périple dont une grande partie m'est inconnu. Phil se repose bien, s'ennuie peut-être autant ; il ne le dit pas. Le temps n'est pas mauvais, je le trouve même très beau. Ce n'est pas le Midi évidemment mais d'après les lettres reçues il est meilleur que dans bien d'autres coins de France. Nous attendons les Et. De M. et G. Guejd. qui doivent venir nous prendre pour aller goûter à X ! La jeune Vincent venue déjeuner mercredi a passé l'après-midi. Avons été à la Roche-Vasany. Les deux garçons et elle dans sa voiture (celle que son frère lui a prêtée). Nous les vieux ensemble. Les deux garçons n'ont pas eu l'air de s'ennuyer.

Je t'embrasse bien tendrement et suis contente que tu vois toutes ces beautés. Je n'ai pas encore les impressions d'André sur ses nouveaux hôtes. Ton père est tout à fait remis à neuf. Do a été très mal hier de ses douleurs précordiales. Cela augmente de fréquence. Moi, vais bien, encore un petit peu coliquarde.

Suz.

DE SUZANNE MARETTE

[Paris] mercredi 7 février 1940

Merci de nous avoir donné de tes nouvelles. Sois raisonnable je t'en prie pour tirer le maximum de profit de ce séjour à l'altitude, et revenir tout à fait retapée. Je t'avoue que je me bile pas mal pour toi – car tu joues avec ta santé qui est heureusement, très solide; mais tout a un terme! Je t'envie de jouir de ce paysage imposant et calme, devant lequel la méchanceté des hommes et les catastrophes de la vie s'estompent, parce qu'on a le sentiment d'être au-dessus de la terre... Mais il me semble que la jument verte ne va pas avec ce panorama!

Ici rien de neuf, il fait un temps et une température agréables.

Nous avons été à Saint-Germain dimanche avec Philippe conduits par Jacques. Ils avaient tous plus ou moins la grippe. Rentrés à quatre heures et demie Philippe et Jacques furent au ciné et nous en pantoufles. Hier nous avions le ménage Tiny à déjeuner. Excellente forme tous les deux. Tiny a tiré huit mille coups de canon dont il avait fait seul le réglage. Nous attendons vendredi Yvonne Nic., les Jean samedi, Pierre qui vient pour voir Jean spécialement. Mme Arbola va mieux, sort et viendra vendredi. Mme Bethmont mieux mais *très* faible. Je t'embrasse bien affectueusement.

SM

DE SUZANNE MARETTE

Lundi 15 juillet 1940[36]

Ma chère Françoise

Je te remercie de ta lettre du 10 arrivée le 14. Pas mal par les temps présents. Merci d'avoir pensé à me donner tous les renseignements que tu as ; je les avais déjà car j'ai reçu le 12, huit lettres de ton père […]. Après un mois d'attente vaine, cela m'a semblé bon de savoir dans les plus grands détails tout ce qu'il avait fait et pensé pendant cette tragique période car ses lettres étaient chacune de cinq ou six pages. J'ai constaté que nous pensions exactement de même sur tous les événements, et cela m'a fait plaisir car mon jugement était absolument contraire à ceux des grands-parents Painvin, de Jacques ! etc... Les trois fils des grands-parents, Louis venu ici, les deux autres par lettres, ont accusé et défendu les mêmes opinions que ton père et moi...

Non, je n'ai jamais regretté un seul instant après ton départ que Jacques soit resté ici. Je me suis félicitée que ce garçon ait eu le bon sens de revenir le matin même, la mort dans l'âme, mais pour faire mon devoir, je l'avais conduit et laissé sur la place de Saint-Nazaire pour qu'il passe la Loire et plus. Ce jour-là, on savait déjà qu'il pouvait rester sans aucune crainte ici, mais l'aventure le tentait et l'exemple de René Périneau[37] l'avait décidé à partir. Or, ce dernier est revenu ici il y a dix jours après avoir fait plus de 1 200 kilomètres de vélo ayant tenté tous les ports depuis La Rochelle jusque Saint-Jean-de-Luz en passant par Bordeaux sans succès. Enfin, il échoua pendant quelques jours à Bayonne chez un chef scout professeur qui le dissuada complètement de son projet, le soigna, le nourrit et lui fit reprendre le chemin du Croisic. Il arriva ici pour trouver la maison, louée par sa mère, fermée. Ils étaient repartis le matin même pour Deauville ayant la bougeotte. Le pauvre garçon harassé, claqué, est arrivé ici à neuf heures du soir et y est resté huit jours, même neuf, il a mangé, dormi – faisant avec Jacques un tandem identique à celui de JP Jacques –, et il est reparti retapé raccommodé, rassasié et sans aucun enthousiasme pour reprendre la route pendant quatre cents kilomètres !

Le chauffeur qui a conduit la voiture des Périneau et qui est revenu au Croisic a rapporté une lettre avec renseignements. Leur villa, la nôtre sont libres mais toutes les maisons en face de la leur avenue de l'hippodrome sont habitées, ainsi que les hôtels Royal et toute la plage de la rue Le Marois à la rue De Gheest où l'on ne circule plus !

C'est l'aviation qui occupe : bruit terrible, ils rasent les maisons toute la journée. Je crois qu'il ne faut pas y retourner. Advienne que pourra. Je reste ici jusqu'à ce que ton père sache ce qu'il peut faire. Actuellement il juge que sans moyens de communication, avec des attentes de trois heures pour le ravitaillement chez les fournisseurs, il ne lui est pas possible de réinstaller ses bureaux à Paris car les employés habitent pour la plupart la banlieue et n'auraient pas de moyens de locomotion, et toutes les femmes font leurs provisions avant ou après les heures de bureau rapidement et ne peuvent faire queue deux heures. Il voudrait y aller voir par lui-même avant de prendre une décision pour nous. Il ne reçoit rien de moi non plus, et ne peut pas communiquer plus facilement avec Pierre et Jean qui sont dans la même zone. [...]

Je te réexpédie une lettre trouvée par hasard par Jacques à la mairie ; en allant lire les décisions chaque jour il a vu une annonce qu'une lettre était en souffrance pour toi !! original ! Je donne cette lettre et la mienne à Yvonne qui les mettra demain dans ta zone, cela arrivera plus vite. J'espère qu'elle pourra téléphoner à ton père et que je saurai peut-être si j'ai un espoir de le rejoindre car après les huit lettres reçues le 12, rien n'arrive plus de chez lui ! On est sans nouvelles de Guy Marette qu'on suppose prisonnier et le mari de Cécile Tastu a perdu son père et sa mère tués dans un bombardement de Pontoise alors que le hasard le faisait passer par là, il allait justement les voir !

Jacqueline est bien désolée de ne pouvoir obtenir son passage pour aller retrouver Jean. Ce n'est pas le même cas qu'Yvonne, rien à faire pour le moment. Je suis contente de te savoir plutôt mieux et ravie que le Dr Cantier ne soit pas d'avis d'opérer. On a toujours le temps de prendre une pareille décision.

Je t'embrasse bien tendrement.

Suz. M.

DE SUZANNE MARETTE

Samedi 20 juillet 1940, Le Croisic

Ma chère Françoise,

[...] Je te remercie de ta lettre arrivée le 15 d'ailleurs je crois y avoir répondu; j'ai reçu *hier* tes deux télégrammes « Suis passée route sur l'Aude m'arrêterai Bordeaux[»] et 2° « Trouvé André Bordeaux chez tante sommes ensemble attendons possibilité retour » ; et une carte de toi aussi !...

Évidemment tu n'as pu ni ne pourras jamais comprendre ce que j'ai passé... cela manquait il faut croire à mon évolution

Enfin !... J'ai reçu ce matin une carte de ma pauvre Chapelot, écriture tremblée et vieillie. Daniel[38] est blessé et prisonnier. Elle ne me dit pas où. Je lui ai répondu longuement [...]. Je lui dis si Daniel est en Allemagne de t'écrire pour que tu tâches par les Vernet de savoir quelques détails[39]. Je lui ai donc donné ton adresse à Puichéric. J'ai reçu aussi une lettre d'Odette, qui est partie maintenant avec Huguette, Denis, et Jacques démobilisé, à la Gantèse chez Peytral[40] à Puyricard Bouches du Rhône. Ils n'ont aucune nouvelle de Guy depuis le 3 juin. Odette se persuade qu'il est blessé et prisonnier en zone occupée et me demande de faire une petite enquête dans les hôpitaux qui nous entourent. Mais cela est impossible. Les plus proches sont à Rennes à Nantes et on ne peut pas du tout y accéder. Si tu peux par cette croix rouge suisse demander si Guy et aussi le neveu de Raymond sont prisonniers en Allemagne, ce serait très charitable. Odette est courageuse mais c'est cruel. Et la jeune nièce femme du neveu ravissante créature qui vient souvent ici et ne se plaint jamais, me fait pitié. Deux petits garçons pas de fortune, venus de Tunisie où ils vivaient lui y étant syndic de faillite, et quelque chose au tribunal. Ils ont tout laissé là-bas. Mobilisé en Afrique d'abord et venu ici avec ses tirailleurs tunisiens il est parti le 3 juin de Marseille, et on a reçu une seule carte de lui il arrivait en Seine-et-Marne et plus rien. Il n'a même pas su si sa femme et ses enfants ont pu arriver en France. Ils sont venus par le dernier bateau [...].

Si tu peux faire quelque chose pour ces trois ce sera, je crois, une bonne action.

André a passé trois jours ici, arrivé en chemin de fer jusqu'au Croisic mercredi 17 il est reparti hier samedi 20 à 3 h 45 du Croisic en chemin de fer pour arriver à Paris ce matin dimanche 21 à six heures du matin. Il veut se présenter le plus tôt possible au Crédit Lyonnais qui doit être rentré à Paris. Il se débrouillera comme il pourra. [...]

Jacqueline est toujours ici. Je ne sais si Jean la rejoindra ici ou à Paris, dans ce cas, elle ferait la route avec nous. Je t'embrasse bien, ma chère Françoise. Je voudrais savoir que les examens que tu feras faire sont satisfaisants. Tiens-moi au courant. Je t'aime bien

Suz.

DE SUZANNE MARETTE

Samedi Le Croisic 28 juillet 1940

Grande surprise et grande joie hier vers onze heures du matin en voyant arriver ton père, venu par le train, car il avait trop envie de nous retrouver. Charlotte est ravie parce qu'elle n'espérait pas le voir d'ici très longtemps. Nous passons encore la journée d'aujourd'hui, et prendrons la route demain matin dimanche, Mlle Jacques et moi dans notre voiture et ton père dans celle de Jacqueline derrière. Élise et son rejeton[41] partent par le train à 15h45 aujourd'hui : je ne sais trop à quelle heure ils arriveront demain. Ce devrait être à six heures du matin, mais il y a eu cette nuit un passage très effectif de bombardiers anglais sur Nantes et les environs Donges, Paimbœuf, etc. et cela va causer du retard. Deux trains gratuits de réfugiés prévus pour cette semaine sont remis à plus tard. Nous allons donc reprendre la vie dans ce Paris désert[42] d'un calme impressionnant paraît-il... Jean va être démobilisé ces jours-ci et son père lui a envoyé un ordre de mission qui lui aplanira toutes difficultés pour le retour. On va essayer de rouvrir les bureaux le 1er août. Pas très sûr, car les dossiers et archives ne sont pas encore arrivés; pour faire des prix aux demandes, il les faut. Il y a beaucoup de demandes pour réservoirs à gazogène pour transformer les autos. [...] Tu me demandes des explications sur mes idées. Ce n'est pas facile par écrit : j'ai une confiance absolue dans le patriotisme et la volonté du Maréchal qui fera tout pour amorcer un redressement de notre pauvre pays dans des idées assez modernes mais sauvegardant toutes les traditions françaises. Sa tâche est abominable, son abnégation devrait lui attirer la reconnaissance et l'aide de tous les Français. Que l'amour du pays ne soit doublé d'aucune haine pour les autres, évidemment c'est là l'idéal auquel tend le bouddhisme et si bien décrit dans l'Évangile universel de Vivekânanda[43] que j'ai lu et relu, mais il est des races qui auront toujours une quasi-impossibilité à se comprendre. Je ne sais si tu te souviens de la façon différente dont on raconte les contes de fées des deux côtés du Rhin aux enfants? Cendrillon par exemple arrive à chausser les souliers de vair après que ses deux sœurs les eussent essayés vainement avec dépit mais c'est tout. Outre-Rhin les deux sœurs aînées pour tâcher de chausser les fameux souliers ont fait preuve d'énergie et de décision car l'aînée s'était coupé les doigts de pied et la seconde s'était coupé le talon[44] ! Évidemment, les petits B[oches] ne s'émotionnent pas de cela, mais aux nôtres l'idée ne nous viendrait pas de leur suggérer de pareilles idées.

Je t'embrasse bien tendrement.

Suz.

Si tu le peux, reste encore un peu pour consolider l'état de tes reins.

DE SUZANNE MARETTE

Jeudi 28 août 1941

Il ne faut pas m'en vouloir, ma chère Françoise de n'avoir pas encore répondu à ta gentille lettre. Je fais comme tout le monde la chasse à la nourriture, chasse qui, cette semaine, a été très infructueuse. Nous allons manger demain pour la première fois du mou de veau pour manger quelque chose d'autre que des légumes. Je ne dirai rien à Bola[45], et lui laisserai croire qu'elle mange du civet de lapin ! J'avoue que je suis assez curieuse de l'expérience et des réactions sur tous.

Je suis très heureuse de te sentir au grand air, et dans une famille sympathique. Catherine Dognin[46] que je vois à peu près tous les matins à sept heures et demie, me dit que Mme Claude est la cousine d'une amie d'Hélène que j'ai dû voir jadis quand elles étaient très jeunes. Je crois que cette cousine s'appelle Masson et qu'elle était au cours Malatret. Le monde est bien petit !

Je vois que le temps est le même partout. Il fait très frais ici et pleut souvent ! Les garçons ne repartiront que le 13 septembre et iront à Thouars avec un camarade d'André dont la famille actuellement dans ce patelin a retenu des chambres pour eux. Il y a paraît-il une rivière où Jacques et Laroche[47] pourront s'ébattre nautiquement et repêcher André qui versera certainement dans un canoë. Ils sont bons nageurs tous deux et pourront faire le nécessaire.

Rien de spécial à te signaler : il semble qu'un nouveau chapitre commence et nous sommes tous très avides de nouvelles. À la campagne, on doit oublier un peu. Le calme et la beauté de la nature font oublier la méchanceté des hommes. Évidemment je suis comme toi ; j'aime la campagne, et mon plus grand désir serait d'avoir une petite bicoque avec de beaux arbres. Mais je crois que ce rêve comme beaucoup d'autres ne sera jamais réalisé, car mon temps sur terre s'avance rapidement. J'ai eu une petite consolation à la porte d'une triperie l'autre jour. Une dame m'interpelle et me dit : « Pardon Madame vous n'avez pas été au Couvent de Marie Auxiliatrice – Oui… – Vous êtes bien Suzanne Demmler – en personne. Vous êtes vraiment bien aimable de me reconnaître, que peut-il rester de moi ? – Oh ! Mais si, vous êtes tellement vous-même qu'on ne peut pas se tromper. Je vous ai déjà vue dans le métro, mais n'ai pas osé vous aborder ». Cette personne a cinquante-six ans et était dans une classe au-dessous de moi, mais avait paraît-il beaucoup de sympathie et « d'admiration » pour la grande que j'étais ! Quel aveu au bout de cinquante ans ! Moi je lui ai répondu que du couvent je n'avais d'elle aucun souvenir spécial, mais que son souvenir restait lié dans ma mémoire avec la noyade double du père et du frère de Mme Marc Dupont sur la plage de Villers. C'est son mari qui passant en auto sur la route a vu ces hommes se noyer, a arrêté sa voiture et est entré dans l'eau pour ressortir la fille encore vivante et le fils mort déjà. Ce monsieur était très beau et de loin avait exactement la silhouette et le profil de ton père. En arrivant cela m'avait même un peu impressionnée quoiqu'il fût à Paris ce jour-là. Et tout de suite je la rencontrais elle sur le bord de l'eau très émue. C'était alors une très belle créature blonde, très jolie en plein épanouissement. Maintenant une dame d'âge très quelconque... Tout cela n'est pas intéressant pour toi, ma pauvre fille, mais il faut bien mettre sur le papier ce qui passe par la tête, quand on n'est pas une « Proust » cela ne prend guère de relief...

Je veux bien croire que Dijon est une vieille ville intéressante, et c'est bête de ne pas la connaître. Si je peux te rendre un service quelconque pour ton retour, achat de légumes ou autres denrées, dis-le moi, je porterai chez toi, si ta bonne n'est pas là, ce qui sera nécessaire pour ton arrivée.

Je t'embrasse bien tendrement et te dis à bientôt

Suz. Marette

DE SUZANNE MARETTE

Lundi 16 février [1942]

J'adresse le paquet à toi pour que tu puisses le cacher jusqu'au 20 afin de faire une petite surprise fête ce jour-là. Il y a une boîte de gâteaux secs pour chacun et un sucre d'orge, c'est minable mais cela manque en ce moment chez mon fournisseur ; je leur en enverrai plus un autre jour.

Je peux te donner de très bonnes nouvelles de Boris[48]. Il est venu déjeuner hier, il s'est trouvé avec toute la dynastie Marette, Charlotte, les Jean, les

André et… le baron[49] qui s'était invité le matin – chose extraordinaire et qui n'est pas arrivée depuis le 1er janvier. Boris nous a quittés pour aller voir les Rostand à Ville-d'Avray. Il faisait très froid, comme aujourd'hui d'ailleurs. Le matin, hier, j'avais été faire une 2e sortie de la 202 avec Jean encore, et nous avons eu panne d'essence au milieu du bois. Le cadran intérieur marquait huit litres et il n'y en avait plus une goutte. Après avoir mis les accus à plat, Jean est parti chercher du secours, me laissant dans une solitude délicieuse au milieu des bois et des oiseaux variés, mais glaciale. Le pauvre ne put trouver aucun secours – aucun garage n'a voulu venir ! Alors, il est allé chercher sa voiture un jerrycan et m'a rejointe. C'était bien panne d'essence, et après son biberon absorbé, elle est revenue à de meilleures dispositions – et nous sommes rentrés chacun dans sa voiture, moi devant pour si j'avais panné encore et lui derrière pour me venir en aide dans ce cas. Et nous sommes rentrés sans encombre et arrivions en même temps que Philippe et peu avant Boris. Je ferme pour que ma lettre arrive avec le paquet. Je sors de chez Primak[50] et j'aurais aimé la manger toute crue.

Bis à tous Suz.

DE SUZANNE MARETTE

23 août 1943

Ma chère Franç. Je te remercie beaucoup de ta lettre, de vos téléphonages et de votre cageot de fruits qui est arrivé en excellent état. Nous faisons avec ces petites pommes et poires des compotes délicieuses sans avoir besoin d'y ajouter du sucre. Ton père en est très friand, et me charge de te dire que cela le change du sempiternel dessert raisin-poire.

Je te réexpédie aujourd'hui le cageot, et un autre à moi pour si tu peux me trouver encore un envoi semblable, j'en ferais de la confiture genre raisiné... Mais naturellement à une condition, c'est que tu me dises ce que je te dois. Ton père va plutôt mieux dans l'ensemble, quoiqu'il souffre encore tout le temps, mais il peut le supporter, sans avoir recours aux stupéfiants. Deux comprimés de Dolosal la nuit généralement arrivent à conjurer les crises plus aiguës. Samedi, il a été à pied rue Lyautey en huit minutes à sa première séance de rayons X. Il a certainement eu une petite recrudescence de douleurs depuis mais cela avait été prévu et annoncé. Les deux premières séances n'amènent pas de soulagement. Nous continuerons trois fois par semaine demain mardi, jeudi et samedi. Il en faut environ douze au minimum. Cela nous mène donc jusqu'au 19 septembre. On lui a aussi pris mesure pour une ceinture soutenant beaucoup la région lombaire, mais cela nous ne l'aurons que dans un mois ou un mois et demi. Tardieu n'a pas pensé à la lenteur d'exécution, et il voudrait qu'il l'ait avant de remarcher, car il a peur qu'il ne se ré-entorse. Il est maigre à faire trembler, et a deux yeux comme des phares ! – J'ai eu plusieurs lettres de Jacques depuis le bombardement. Il me demande un masque et une paire de gants solides, car la maison où il habite a été incendiée et en éteignant l'incendie (ils y sont arrivés) il a été incommodé par la fumée. Il était le seul sans masque et a eu les mains légèrement brûlées par les tisons qui tombaient. Les gens qui y habitaient n'y couchent plus, lui y est encore mais se cherche une chambre en dehors de la ville – dans une ferme si possible. C'est d'ailleurs très difficile à trouver à cause du grand nombre des sinistrés et parce qu'on réquisitionne pour les loger. Il a dû faire paraître une annonce dans les journaux locaux. Certains ingénieurs français ont trouvé de cette façon – des gens qui n'ont jamais loué de chambres préfèrent encore avoir un Français correct que des réfugiés indésirables. Il me dit : Ce sera beaucoup plus fatigant car j'aurai une heure de trajet matin et soir, mais une seule chose importe : rester vivant et avec deux ou trois attaques de ce genre les chances en seraient limitées. Il s'est décidé après avoir vu les dégâts; les premiers jours avec les rues barrées on ne voyait rien. Il paraît que c'est incroyable – des rues entières sans une seule maison debout, toutes écroulées ensevelissant leurs habitants dans les caves. Il dit que Boulogne, Renault et Longchamp ne sont que jeux d'enfants à côté. Je suis ravie de le voir dans ces dispositions, lui qui crânait toujours jusqu'à présent.

L'hôtel où il était descendu deux jours en arrivant a entièrement brûlé et les deux garçons qui étaient partis avec lui, il les a rencontrés dans la rue (ils logeaient ailleurs) loqueteux comme les derniers des miséreux. N'ayant pas entendu l'alerte, ils ont été réveillés par le feu dans leur chambre, et n'ont eu que le temps de fuir en pyjamas. Ils ont *tout* perdu, et sont logés nourris habillés par le secours aux sinistrés en attendant de recevoir indemnités et bons, et cela peut durer trois mois. Alors, il trouve qu'il a eu assez de veine !

Chez les Pierre, l'épidémie n'a pas cessé. Nic vit dans sa chambre sans voir personne et prend son sirop et gargarisme[51]. Yv. doit rentrer du 7 au 14 septembre à Paris. Phil m'a écrit qu'il passera par Paris et viendra déjeuner demain mercredi 25. Je ne sais où il va après. Il quitte Chamonix aujourd'hui mardi 24. On lui a volé sa bicyclette dès son arrivée. Il a rencontré les Citroën et a fait avec eux « Tête Rousse ».

Voilà toutes les nouvelles que je peux vous donner, d'ailleurs cette lettre arrivera-t-elle avant votre départ de V[illers-]P[atras].

Je vous embrasse tous les trois bien tendrement

Suz

DE SUZANNE MARETTE

13 avril 1952

Merci, merci de tes belles fleurs, ma chère Françoise. Je n'ai pas pu t'écrire plus tôt puisque les lettres ne voyageaient pas. J'espère qu'aujourd'hui il y aura une levée ce soir. Les tulipes jaunes sont splendides et font une note gaie dans le salon, elles sont robustes et fraîches (sont arrivées samedi matin), les œillets aussi sont beaux fins distingués ! Je suis comblée, moi qui aime tant les fleurs et qui n'en achète plus jamais.

Nous sommes avec le peintre qui refait la cuisine et l'office, pas très commode, mais je dois dire le minimum d'embêtements car ils sont propres, complaisants et très compréhensifs. Ce sera pour samedi prochain 19.

Nous partirons, Charlotte[52], et moi, ce samedi 19 à cinq heures du matin à Deauville en auto, avec André qui va rechercher sa famille et nous a proposé de nous voiturer, ce que j'ai accepté avec joie. Tous les Pierre et les André sont à la Coccinelle aujourd'hui plus une amie de Nic avec. Pierre et André pour quarante-huit heures. Yvonne, Nic et l'amie reviennent vendredi. Nous nous croiserons. Je resterai jusqu'à mercredi, jour des fameuses noces d'or[53], et nous reviendrons le jeudi 24 ou vendredi 25. Je manquerai donc ma journée avec mes petits. Cela me manquera. Mais Mademoiselle reste à Paris pour raison soins dentaires, elle est en traitement qui demande à n'être pas interrompu. Alors si tu as besoin d'elle tu pourras toujours la demander. Je me réjouis du beau soleil pendant qu'il est encore plus beau et chaud chez vous. J'espère que tu as pu quand même dormir un peu plus et te reposer, tu en avais besoin.

Je t'embrasse bien ma vieille.

Hier Jacqueline ta sœur aurait eu cinquante ans[54]. C'est fou ce que la vie passe.

As-tu lu dans le Match le dernier l'article sur les soucoupes volantes ? Je suis passionnée de cela !

Je n'ai pas pu joindre Boris pour l'inviter à déjeuner aujourd'hui.

Suz.

À SUZANNE MARETTE

[Antibes] samedi puis dimanche 7 et 8 août 1954

Ma chère maman,

Tu m'as gâtée ainsi que ta petite-fille. Le foulard de soie est très beau, bien trop luxueux pour notre standing de marin malgré le topo exagérant du journal, notre vagabond est un modeste pointu genre pêcheur touristant.

La fête s'est très bien passée. Menu selle d'agneau, pommes de terre gâteau bougies. Catouch ravie et redoutant que le sac ne soit pas arrivé jusqu'au dernier moment. Cela lui a fait une bonne surprise.

Je t'écris en bougeant car nous sommes en croisière, partis pour aller direction Porquerolles, nous avons donné rendez-vous aux Gessain (qui se sont fait construire un magnifique petit bateau sur lequel ils vivent) et qui étaient arrivés la veille dans notre petit port de la Salis à Antibes. Nous avons quitté à huit heures et demie Antibes mais le vent s'est levé et nous avons embarqué pas mal d'eau. C'était désagréable mais pas dangereux pour nous qui sommes très sûrs. Il n'y avait que Jean qui était comiquement et hystériquement affolé.

Tout à coup, grâce à Dieu nous avons pu sauver un tout petit bateau sur lequel se trouvaient un homme, une femme et deux très petits enfants : leur voile était déchirée et leur moteur en panne, ils étaient à la dérive sans moyen de s'en sortir. De loin nous avons vu dans cette mer très violente un p[eti]t point et à [la] lorgnette un chiffon qu'il brandissait, nous nous sommes un peu détournés de notre chemin fort heureusement. Comme si Boris n'avait fait que ça dans sa vie nous avons réussi à approcher assez près pour que je leur lance une corde et nous les avons remorqués jusqu'à terre. Puis nous les avons quittés sans même savoir leur nom, heureux d'être dans un lac où un pédalo est venu les chercher à vingt mètres du bord. P[our] nous, ce n'était pas assez profond. Nous sommes repartis pour atteindre la rade d'Agay[55], et redouche et secouades.

Nous sommes arrivés enfin à deux heures, au calme dans une de ces calanques où nous avons tout sorti qui était *trempé* et pompé le bateau qui était plein d'eau jusqu'au plancher malgré la pompe qui marchait tout le temps.

J'ai alors, à trois heures et quart, commencé à préparer un déjeuner bien gagné. Puis vers cinq heures le vent s'est tourné d'ouest en nord et est devenu le mistral.

Nous n'étions plus au calme dans notre calanque et nous avons dû aller dans le fond de la rade au port même d'Agay, petit port tout à fait à l'abri. Puis dîner à bord et coucher Boris-Raton (Catouch par terre) dans la cabine et les deux garçons dans le cockpit dehors sous la tente pour les protéger de la rosée. Nous avons craint que la tente ne soit malgré l'abri emportée par des rafales mais non, et à deux heures du matin le mistral tombait, le baromètre commençait à remonter. Sept heures et demie, réveil, petit déjeuner et départ pour Sainte-Maxime. Nous voguons depuis deux heures, le vent se lève un peu. Nous allons bientôt arriver.

Nous sommes tous ravis, même Jean, malgré le baptême d'hier qui l'a ému jusqu'au trognon. (Ses réactions sont celles de Pierre au lac Vert[56], et Boris l'engueule.) Heureusement aucun de nous n'est malade, même par gros temps.

À la maison, j'ai une f[emme] de ménage qui vient deux heures tous les après-midi de trois heures à cinq heures. Ce qui m'évite ménage-lavage. Pour cuisine et vaisselle je me débrouille vite et bien. À midi nous pique-niquons toujours à bord, même quand nous ne sommes pas en grande croisière. J'avais à la maison Jacques Nègre[57] mon filleul de douze ans venu de Casablanca mais il n'aime pas rester longtemps sur le bateau et d'autre part il n'y a que cinq places. Sa mère ayant insisté pour que je le garde ou le mette en colonie de vacances mais qu'il aille le moins possible avec sa grand-mère à Puichéric afin qu'elle se repose je l'ai mis en pension chez nos amis Dr Georges, nos voisins de l'avenue des Chênes. Il y couche et y prend ses repas quand nous ne sommes pas là.

[...] [Sa mère] s'est mise à être assistante sociale, mais n'est pas titularisée et n'a pas une très bonne santé et à Casablanca, le directeur des Ass. sociales ayant changé, elle a peur de n'être pas reprise par le suivant.

Sa mère (la veuve du Dr Cantier de Puichéric[58]) fait la pot-bouille pour la famille.

Le fils aîné prépare Sup-élec, a échoué cette année mais travaille bien et gagne sa vie comme pion, fait un cours de vacances au Maroc.

Les filles et Jacques sont venus en France par une organisation Sport et jeunesse et la grand-mère est revenue pour passer l'été à Puichéric avec son fils marié avec enfant, médecin comme son père.

Mimi Nègre viendra peut-être à Vichy si elle est sûre de sa situation pour octobre.

Jean est revenu doublé de volume d'Angleterre où il mangeait des puddings et des tartines et jamais de viande. Il a déjà beaucoup désenflé en huit jours. Il était très content et a su se débrouiller en voyage avec des Anglais qui ne savaient pas le français.

Tu ne me parles pas du mariage normand. Je n'ai pas reçu de nouvelles s'ils avaient ou non eu mon cadeau – une paire de draps et quatre taies. C'est Lisette qui devait le leur porter, je l'avais fait blanchir.

Je me repose bien maintenant. J'ai beaucoup travaillé j[usqu']à présent. J'avais fait venir la petite machine à coudre à main que j'avais pendant la guerre et qui date de 1895. J'ai fait avec elle toutes les couchettes (cinq housses), les housses d'oreiller, et cinq draps de couchage et dix rideaux. Tout cela est bien réussi et le tissu de couchettes est très joli.

Nous allons arriver à Sainte-Maxime, venons de longer la baie magnifique de Saint-Raphaël.

[*sans signature*]

À SUZANNE MARETTE

Soledad, 21 juillet 1957

Ma chère maman, tout va bien. Nous avons pu finir l'installation de la maison et du bateau avant l'arrivée des Landais. Hier, Catherine, Aline, Jean-Louis et Gricha débarquaient contents après seize heures de voyage de trouver le soleil car dans les Landes ils avaient pluie et froid. Chez nous ce n'est pas magnifique, il y a mistral ou autre vent mais tout de même le soleil. Même s'il y a des orages cela ne dure qu'une partie de la journée. Notre maison est à plein. La tente sert à coucher aux trois garçons, les filles couchent dans une chambre où les garçons reviennent pour leurs affaires dans la journée, et dans une autre toute petite chambre il y a l'Écossaise, sa table de travail car elle prépare un examen de français pour la fin septembre et travaille beaucoup, et l'armoire des filles. Tout le monde est motorisé ou vélopédisé. Boris va bien et moi aussi quoique pas encore reposés ni l'un ni l'autre. Ragnild[59], gentille, a encore subi un ou deux moments de dépression qui la rendent misérable dans son coin. Elle dit qu'elle a besoin de faire des connaissances anglaises pour s'en sortir sûrement.

À cause de cela elle ne peut pas m'aider vraiment car elle ne sait pas elle-même comment elle va se sentir le soir ou le matin suivant! C'est tout de même moins aigu que l'année dernière où elle était vraiment à hospitaliser. J'ai une sourde qui cette année vient tous les jours. Si je pouvais compter sur elle une autre année sûrement trois heures, je n'aurais pas besoin d'une aide étrangère aussi peu sûre. Une fois les consignes données avec difficultés, la sourde fait le travail mais il faut la fuir sinon elle vous attrape par la manche ou vous tape sur le derrière pour commencer des discours interminables, pires que ceux de Primak. Nous avons bien reçu ta longue lettre avec les difficultés dépassées que Jacques a traversées. J'espère qu'ils seront bientôt à Cannes et que nous les verrons. Les Pierre sont-ils à Cannes cette année encore ? Et Niky ?

Je suis bien ennuyée pour tes rhumatismes. Boris me fait te dire qu'il te plaint de tout son cœur et qu'il ne peut rien dire car il n'est pas compétent dans la conduite du traitement homéopathique mais qu'il te souhaite bon rétablissement de façon médicamenteuse ou transcendante !

Pauvre famille Œhmichen. Ils sont voués aux morts subites, c'est bien pénible pour les survivants. Je ne l'avais pas vu, lisant si peu le journal et ici pas *Le Figaro*.

Je t'embrasse bien fort.

Françoise

DE SUZANNE MARETTE

9 août 1958, 11 heures

Alors mes chers amis,

J'ai pourtant écrit que vous me gâtiez trop et que ce n'est pas raisonnable par les temps que nous vivons ! et vous recommencez. Ce matin à quelques heures de distance arrivent le paquet superbe d'œillets blancs et rouges (Dieu qu'ils sont beaux et que les rouges surtout sentent bon !) et après des bonbons pour la vieille gorge qui sont drôles ! des abeilles avec deux petites ailes, vraiment très calmant pour les picotements qui sont restés depuis l'angine rouge.

Merci. Merci au bon Boris et à sa Borisette. J'aborde une période de solitude complète. Les Pierre sont partis vendredi à trois heures et ont dû coucher aux Gandins chez M. Gilberton[60] où les Jacques seront arrivés dans la nuit, partis de Paris à dix-huit heures, et ils ont dû repartir ensemble en deux voitures samedi (ce matin) pour Cannes Pierre et les Jacques l'île de Porquerolles où ils doivent retrouver toute la bande des méchants garçons convertis, mariés, etc. Jacques rentrera dans quinze jours et laissera M Cl. chez les Pierre. Les Jean sont à Varengeville[61], les André je n'en sais rien du tout, sans doute en Suisse ou en Italie mais je suis sans nouvelles depuis leur départ. Les filles sont à la Chevallerie (près Bagnoles-de-l'Orne) pour tout le mois d'août chez leurs grands-parents Horent. De Phil je ne sais rien non plus, il doit être à Allevard pour faire sa cure nasale (polype).

Les Jean rentreront lundi prochain et repartiront le 14 ou 16 août pour Vittel. Ma Marie Josèphe est partie hier matin 8 août pour un mois de congé et j'ai tous les jours ma brave Émilie très bonne et dévouée mais bien handicapée aussi elle quoique plus jeune que moi, et bien emmanchée comme disait ma belle-mère.

Nous vivons plus souvent sous la pluie que sous le soleil. Je ne suis pas sortie plus de quatre ou cinq fois depuis votre départ. J'ai toujours mal dans les genoux etc., moins qu'il y a cinq semaines ou quatre semaines mais suffisamment pour ne pas désirer aller me traîner dans les rues. Jean m'a prêté la voiture du bureau pour aller voir Marie Louise à Épinay[62]. Ce fut une joie pour nous deux mais combien lamentable et mélancolique quand on s'est connues jeunes de se revoir deux vieilles ruines ! Enfin, mes petites copines qui m'appellent tante Suzanne sont délicieuses avec moi, surtout la petite. Je te raconterai. Et cette vieille maison, surtout son vieux jardin, m'enchante. Mais il tombait des cordes ! ! Mercredi prochain je suis encore de sortie. Jean me reprête le nommé Henri pour aller chez les Jacques Marette. Visite annuelle ! Je m'occupe, je lis, c'est mon grand plaisir – et j'ai acheté un ouvrage de dame ! ma chère ! une petite nappe pour table bridge que je destine à M Claude.

Je pense beaucoup à vous. Après le 15 août cela ira vite. Jacques rentre le 23. Il ne faut pas m'en vouloir si je n'écris pas cette année. Je n'en ai pas le courage, et je n'ai rien à raconter !

Merci encore pour œillets et bonbons. Je pense que Nic va venir un de ces jours. Je voudrais lui donner quelques œillets. Elle fait une vitrine dans le métro qui l'occupe beaucoup. Catouch a-t-elle reçu ma dépêche ? Je suis de parole pour le cadeau à la rentrée. Je vous embrasse tous.

Suz

À SUZANNE MARETTE

Antibes, 10 août 1958

Ma chère Maman,

Je te souhaite une bonne Sainte-Suzanne, solitaire mais en pensée entourée de loin par nous. J'espère que des bonnes choses à manger te seront arrivées à temps. La seule manière que nous ayons de te manifester nos pensées.

La Soledad va bien. Le voisin est parti mercredi dernier. Ouf, il était fatigant de bêtises ignares aux repas et les garçons se mettaient au niveau. Nous avons été tranquilles depuis avec Jean Louis Lapassade qui est un gentil compagnon discret et coopérant. Depuis deux jours, de passage la fille de Mme Lambert (celle qui habite 24 rue D. Valmore, la psychanalyste) qui travaille souvent pour moi.

Agnès a vingt et un ans, est en quatrième année de médecine et a proposé de venir huit jours pour m'aider, ce qu'elle fait fort bien[63]. Je n'ai plus de vaisselle à faire et mes mains ont pu se guérir en deux jours, bien plus vite de ne pas se tremper dans les détergents. Aujourd'hui (comme souvent mais sans succès encore) nous sommes partis Boris et moi à la pêche de bonne heure et nous avons eu l'aubaine de pêcher deux superbes pélamides (des petits thons de trois kilos), un pour « Tata » Georges, et l'autre pour nous à midi que nous avons fait en filets dans la pâte à frire (épluchage Boris, pâte à frire raton) et mangé avec une sauce mayonnaise verte de persillade fabrication raton. C'était régalant. Là-dessus, la boulangère nous avait promis une glace d'un litre en remerciement d'un superbe poulpe de cinq kilos que Gricha lui avait pêché car elle en demandait un. Donc déjeuner de fête.

Mais aussi aujourd'hui c'était régates (tous les dimanches) spéciales. Six heures d'Antibes, trois heures le matin arrêt trois heures et de nouveau trois heures l'après-midi. Jean était retenu comme focquier par le constructeur du port, et Gricha et Catouch (« Grigory » depuis qu'Agnès l'appelle ainsi) ont couru aussi dans leur Moth (se prononce Mott) leur minuscule voilier dont la voile est enfin arrivée il y a deux jours. Ils sont novices, mais cela les forme même s'ils arrivent loin derrière. Le but de ces six heures c'est de naviguer dans un circuit déterminé le plus de tours possible dans les six heures.

Boris (au retour de notre pêche) vers dix heures et demie a fait pas mal de photos de cette régate où couraient tous les modèles ce qui était très joli. Le ciel demi-nuageux nous n'avons pas trop chaud et je pense que toi non plus d'après les nouvelles de la météo tu n'as pas un temps d'août.

La petite maison est en cours d'installation définitive fosse, arrivée d'eau et d'électricité. Elle est tout de même très gentille.

Les Œhmichen[64] ne viennent pas. Ils ont tous la coqueluche comme tu dois le savoir ! Je lui ai proposé de venir en septembre après notre départ quand les enfants pourraient voyager sans risque.

D'autres jeunes amis, qui devaient venir seuls, se sont annoncés avec les deux enfants trois ans et un an ! aussi notre jardin sera tout de même occupé.

Boris t'envoie toute son affection. Il t'écrira demain. Pour les photos il faut attendre notre retour car ce sont des clichés à projeter qu'on ne met pas sur papier.

Je t'embrasse tendrement. S'il fait beau je regarderai les étoiles filantes du 11 août comme toujours en pensant à toi.

Excuse les enfants, ils sont trop occupés aujourd'hui pour t'écrire !

Françoise

Soigne-toi bien. Dis-nous ton hôtel. Nous ne sommes pas sûrs du nom.

Donne de nos bonnes nouvelles à la baigneuse du vieil établissement, et à Charvat[65] et à Mme à qui tu feras mes excuses de ne pas leur avoir écrit après qu'ils nous avaient très gentiment reçus à dîner et leur nièce qui aide Mme Charvat.

Je t'embrasse.

Je t'enverrai une carte de Porquerolles si nous y arrivons, en tout cas dans deux à trois jours de nos nouvelles.

Françoise

Bises tendresses de tous

À SUZANNE MARETTE

14 août 1959

Chère Maman,

J'ai été bien contente d'entendre ta voix ce matin. Nous avions été avertis par M. Rabeux[66] et attendions cependant, avant d'être tout à fait rassurés, l'avis de Polo le cœur[67]. Maintenant c'est le fait que tu souffres qui est embêtant. Boris dit qu'avec ce qu'il t'a donné pour trois jours tu ne souffriras plus. Mais un bleu c'est toujours douloureux.

Les Œhmichen sont là, nous avions été un peu rassurés déjà en sachant que tu avais pu écrire à tante Geneviève.

Reçu une lettre de Jean Marette qui nous dit avoir été te voir et te plaignant beaucoup de ton nouveau malheur. Il nous dit que tu es maintenant très bien dans ta petite chambre individuelle. Un tél[éphone] de Jean Dolto qui travaille bien je crois, une discipline très sévère (interdiction de bouger de sa chaise même pour aller pipi de deux heures à huit heures !). Il est époustouflé d'une pareille façon de bourrer et de tenir les gens mais en fait pour quelques semaines il n'en semble pas trop éprouvé. Il se rend compte de son niveau très juste mais espère tout de même remonter sa moyenne.

Je te quitte pour ne pas rater le courrier. Tout ferme à quatre heures. Jean Dolto n'a pas congé le 15 août. Je ne crois pas qu'il pourra aller te voir !

Je t'embrasse tendrement.

Françoise

DE SUZANNE MARETTE

Dimanche 24 janvier 1960 [68]

Je suis véritablement une vieille paresseuse et j'ai honte de moi. J'ai pensé tous les jours à t'écrire et puis devant mon papier comme Grischa : que vais-je lui dire ? ma vie est bête, si peu intéressante ! Enfin ce matin j'ai vu le cher Boris qui n'avait pas pris le temps de lire ta lettre reçue en sortant et qui m'en a fait lecture. Cela m'a fait vivre un instant avec toi la tempête de neige, la cheville cassée de la jeune femme que tu as dû soigner, son départ en civière dans la neige, et j'ai vécu un peu de ta vie; cela m'a changé de la mienne dont je n'ai rien à dire qui ne soit insipide. Aujourd'hui il ne fait pas froid mais le vent souffle en tempête, à croire que la maison va tomber : les fenêtres s'ouvrent grandes tout à coup, un quart d'heure après soleil radieux, mais toujours le même vent, ensuite une averse qui fouette les vitres à les casser. Bref temps désaxé. Demain je verrai arriver ma petite Catouche qui mettra un rayon de soleil dans ma journée. Les journaux n'en mettent pas beaucoup entre Massu[69], Jaccoud[70], BB[71] etc et je lis le Zéro et l'infini de Koestler. Tout cela n'est guère réjouissant. Enfin, dirait Mme Masson : le joli printemps reviendra!

Tu vas bientôt réintégrer ton foyer, reprendre le harnais des consultations. Il t'aurait fallu un mois pour te reposer vraiment, ma pauvre fille! Ici M Claude[72] va bien; désenflée. On va lui enlever les fils ces jours-ci. Elle sort, va au théâtre et au ciné. Cela lui semble beau car elle a été bien secouée. Je téléphone à Phil tous les soirs vers huit heures et demie. Sa grippe n'est pas finie; quand il va à l'hôpital et sort normalement, il pique 38.5. Hieslen[73] ne voit rien côté poumons[74] et lui a conseillé de ne pas sortir et de reprendre ses drogues. Il est fatigué et traîne. Des autres rien à signaler. Moi non plus. Les aviateurs chantent : « Si j'avais des ailes, des petites ailes ». Moi je pourrais dire : « Si j'avais des pattes, des petites pattes ».

Je t'embrasse. À bientôt.

À SUZANNE MARETTE

[Tenerife] 11 août 1960

Santa Suzanna, Ô-ra pronôbis [*sic* : Ora pro nobis] ! mais je n'ai vu qu'une seule étoile filante.

Nous pensons à toi aujourd'hui chère Moune et à ta solitude peut-être très chaude, peut-être pluvieuse. Les rares nouvelles de France datent toujours de huit jours et les gens parlent de froid et de pluie en France, ceux qui en viennent.

Il est probable que nous quitterons Tenerife le 19 (mais possible le 22 seulement), passerons quelques jours à Rabat, et espérons passer le 24 et le 25 à Antibes en nous arrêtant à Nice, puis Nice Paris le 25 ou le 26. Donc assez bientôt nous te reverrons. Une bonne lettre de Jean arrivée le 5, mais partie le 1er et depuis rien de personne. La vie s'écoule dans le repos et la paix.

Je t'embrasse

Françoise

Et... cette nuit nous fûmes réveillés, car quatre gouttes d'eau tombaient du ciel. Bonne fête chère Moune.

Boris

À SUZANNE MARETTE

10 août 1961[75]

Chère maman, bonne Sainte-Suzanne ! nous sommes enfin partis en croisière pour quelques jours. Boris voit venir la fin de ses maux. Il se baigne depuis hier entre deux pansements en passant à l'eau douce ses plaies après le bain et un peu de soleil pour stimuler la cicatrisation. Il est heureux comme un rescapé et nous sommes vraiment en vacances... ! Voici notre baie préférée, celle de Villefranche où nous passons la nuit avec le féerique spectacle de la baie en étages illuminés de lumières multicolores, dans le calme. À midi on mange à terre, et pour déjeuner et dîner à bord en se promenant dans la journée.

Merci de ta bonne lettre.

Je t'embrasse.

Françoise

Timbre de Cocteau [*représentant la Marianne; mention accompagnée d'une flèche*].

À SUZANNE MARETTE

Grenoble, 24 août 1961

Avons passé vingt-quatre heures et deux nuits de repos dans un petit village des Alpes genre Tournon « Le Noyer » où vivent en vacances Juliette et Georges Favez. Boris a beaucoup aimé cette montagne-là.

Je t'ai envoyé des noix de G[renoble].

À bientôt

Françoise

DE GEORGES FAVEZ

Paris, jeudi [25 janvier 1962]

Ma bonne Françoise, je ne veux pas laisser passer la semaine sans te faire ce mot d'amitié et de sympathie à l'occasion de ton deuil[76]. J'ai été peiné d'apprendre que tu avais perdu ta mère, que tu avais le privilège d'avoir encore et que tu l'avais perdue si soudainement, et que nous ne l'apprenions ainsi que post eventum, sans pouvoir être avec toi à ce moment-là.

Te voici donc, ma bonne Françoise, comme nous sans plus ni père ni mère. C'est triste, hein ? Et ça change un peu les enfants que nous avons été. Qu'est-ce que ça va faire à notre bonne amie ? La changer, la grandir, la mûrir (pardon), la rajeunir (encore), la troubler, la tranquilliser, lui permettre enfin de « connaître sa peau », pour parler son langage, ce qui permet d'y être bien, tout à fait bien.

Que peut-on souhaiter à ses amis que d'être bien dans leur peau, ce réel qui supporte, quoi qu'en disent certains, l'imaginaire, le cher imaginaire, en sorte qu'il faut être bien dans celle-là pour être bien dans celui-ci.

Bon courage, chère Françoise, espoir et longue vie, pour toi, ce sont les vœux de mon amitié.

Georges

NOTES DE MURIEL DJÉRIBI-VALENTIN ET COLETTE PERCHEMINIER

1. Cette carte postale non signée date vraisemblablement de Pâques 1913. Françoise, surnommée Vava, séjourne dans la villa familiale à Deauville pendant les vacances, Suzanne Marette, sa mère, est restée à Paris avec Philippe, « Fifi », qui a alors un an. La famille déménage 2 rue du colonel Bonnet dans le 16e arrondissement. « Mademoiselle » est la gouvernante des enfants.

2. La guerre a éclaté envahissant l'imaginaire des adultes et des enfants. Tante Geneviève est la sœur cadette de Suzanne Marette. Jacqueline, née en 1902, est l'aînée des enfants Marette et la marraine de Françoise.

3. L'orthographe des premières lettres de Françoise Marette enfant a été transcrite sans correction.

4. Jacques-Étienne Œhmichen, dit Tiny (1911-1958), fils de tante Geneviève (1887-1974, sœur de Suzanne Marette) et d'Étienne Œhmichen (?-1955).

5. Cette carte postale, non datée, non signée, représente une médaille militaire.

6. Célestin est le mari de Louise, la cuisinière. Françoise a assisté au moment émouvant de son arrivée en permission.

7. Manette pourrait être la grand-mère paternelle de Françoise, Marie-Charlotte Marette décédée en 1921.

8. Pierre Demmler, le frère de Suzanne, capitaine des

chasseurs alpins entretient une correspondance très affectueuse avec sa nièce Françoise, qui est aussi sa filleule, en lui promettant de l'épouser à son retour de la guerre.

9. L'oncle Pierre a été mortellement blessé à la Tête des Faux dans les Vosges en juillet 1916.

10. Mademoiselle Suzanne est la couturière de la famille.

11. Villers-sur-Mer, localité proche de Deauville.

12. André, « Le Goth » ou Pierrot, est alors âgé de huit mois.

13. Pierre et Jean sont les deux frères aînés de Françoise, qui est donc la quatrième de la fratrie.

14. Suzanne Marette, enceinte, est rentrée à Paris pour préparer son accouchement et « s'entraîne » avec Jean-Pierre (né le 22 août 1922), le second fils de sa sœur, Geneviève Œhmichen. Suzanne a alors quarante-trois ans, et son dernier « pouponnage » remonte à sept ans (naissance d'André). Elle espère avoir une fille qui la consolerait de la mort de Jacqueline, à l'âge de dix-huit ans, le 12 septembre 1920. Elle donnera naissance à un garçon, Jacques, le 21 septembre 1922. Cette lettre, comme presque toutes celles qu'écrit Suzanne à l'époque de la naissance de Jacques, est rédigée sur du papier encadré de noir utilisé habituellement en période de deuil.

15. Paunet est la sage-femme.

16. Mlle Malatret dirigeait le cours Sainte-Clotilde, 119, rue du Ranelagh, à Passy (Paris 16e), où Françoise Marette est élève d'octobre 1914 à juillet 1924.

17. En 1927, Poulet a un peu plus de quatre ans et ne sait pas encore lire.

18. Le lendemain, 12 avril, est le jour anniversaire de Jacqueline, commémoré par une messe chaque année.

19. Suzanne Marette est restée à Paris avec Jean qui passe le concours d'entrée à l'École centrale.

20. Suzanne désigne ses tantes maternelles, Geneviève et Paule Secrétan, par leurs noms d'épouse.

21. Il s'agit du régime suivi par Françoise. Le Dr Guelpa préconise alors une cure de jeûnes courts et répétés, destinée à déterger l'organisme qui, selon lui, serait en état d'intoxication latente.

22. Marie Louise Chapelot (1878-1965), épouse d'un camarade de promotion d'Henry Marette à l'École polytechnique, est aussi une amie fidèle de Suzanne. « Milou », comme la surnomme Françoise, deviendra peu à peu sa confidente et lui vouera une affection et un attachement indéfectibles jusqu'à son décès.

23. Françoise est invitée dans le Midi chez les Delebecque, connaissances de ses parents. Elle connaît les filles de la famille, qui étaient amies de Jacqueline. C'est au cours de ce voyage qu'elle fait la connaissance de leur fils Edmond avec qui se noue une amitié.

24. Il s'agit de Léon Daudet (1867-1942), fils d'Alphonse Daudet, l'un des éditorialistes les plus virulents de *L'Action française*. Son fils, dont il est question ici, se prénomme François.

25. Le 30 septembre est la date anniversaire de la mort de Jacqueline. Celle-ci est enterrée à Bourg-la-Reine, où repose aussi Françoise Dolto.

26. Suzanne aura cinquante-deux ans le 4 octobre [1931]. Cette date est aussi le jour de la fête de Françoise, comme celle-ci le rappelle à sa mère quelques lignes plus bas.

27. En août 1933, Françoise séjourne de nouveau à la Bastide, à l'occasion du mariage de Christiane Delebecque. Ses relations avec la famille ont pris depuis peu une coloration plus officielle puisqu'elle est maintenant fiancée à Edmond.

28. *L'Action française*, quotidien et mouvement d'extrême droite créés et dirigés par Charles Maurras, a été

condamné par l'Église en 1926. Cette condamnation sera levée par le pape Pie XII en 1939.

29. Philippe, comme les étés précédents, est parti pour l'Allemagne où, depuis le 30 janvier 1933, Hitler est au pouvoir. Les événements auxquels Françoise fait allusion peuvent concerner la violente répression menée par le régime nazi à la suite de la Nuit des longs couteaux (29-30 juin 1934), ou la première tentative de rattachement de l'Autriche à l'Allemagne (25 juillet 1934).

30. Depuis le 4 février 1934, Françoise a pris la décision de rompre ses fiançailles, ce qui a eu comme effet de distendre les relations entre les familles, plongeant Françoise dans une grande culpabilité. Elle commence aussitôt un travail analytique avec René Laforgue.

31. Suzanne Marette rend visite à son fils Philippe soigné pour une tuberculose pulmonaire au sanatorium de Sancellemoz, en Haute-Savoie.

32. Painvin est le nom de jeune fille de Jacqueline, la femme de Jean. Sa famille passait les vacances au Croisic.

33. La reine Astrid, épouse de Léopold III, roi des Belges, est tuée dans un accident d'automobile à l'âge de trente ans.

34. Colane est le surnom donné à Suzanne Marette par Nicole Marette.

35. Françoise fait allusion à l'anniversaire de la mort de Jacqueline.

36. L'armistice avec l'Allemagne a été signée le 22 juin à Rethondes. La famille Marette s'est dispersée. Seule Suzanne est restée au Croisic chez sa belle-sœur, Charlotte Jamas, et distribue les informations par courrier aux uns et aux autres. Françoise est à Puichéric chez les Cantier, parents et beaux-parents de ses amis Mimi et André Nègre.

37. Il pourrait s'agir du fils Périneau, M. Périneau étant un médecin de la famille Marette.

38. Daniel Chapelot (1913-1991) est le dernier fils de Marie-Louise Chapelot.

39. Quelques lignes plus bas, Suzanne Marette précisera : « Si tu peux par cette Croix-Rouge Suisse demander... » ; peut-être les Vernet en font-ils partie et renseignent-ils Françoise.

40. Les Peytral sont les beaux-parents de Jacques Marette, qui séjournent souvent à *La Gantèse*, leur propriété, proche d'Aix-en-Provence.

41. La cuisinière et son fils Guy, alors âgé d'une dizaine d'années.

42. Suzanne et Henry rentrent à Paris. Quant à Françoise, voici ce qu'elle note dans son agenda au mois d'août 1940 : « 3 août : retour Paris, départ 5 h. du matin, nuit sans sommeil, à 3 h 1/2 ronde pour surveiller voiture à cause de bruits de bidons et de vol d'essence !! [...] 6 août : Apprends suicide de Mme Morgenstern, le jour de l'entrée des All à Paris [...]. 16 août : remonté Paulette [Erickson Laforgue] [...] »

43. Il est étonnant de trouver dès 1940, sous la plume de Suzanne, une allusion enthousiaste à l'enseignement du disciple de Râmakrishna que fut Vivekânanda. Créée en 1897 par Vivekânanda, la « Mission Râmakrishna » envoie à Paris, le Swâmi Siddheswarânanda, qui ouvrira en 1948 le centre védantique de Gretz (Seine-et-Marne). Françoise et Boris Dolto en deviendront des adeptes, et y retrouveront régulièrement Louis Renou, grand savant de l'hindouisme, qui deviendra leur ami.

44. Suzanne Marette fait allusion à *Aschenputtel*, version de *Cendrillon* où les Grimm introduisent un élément de cruauté : les sœurs de Cendrillon n'hésitent pas à se couper elles-mêmes les pieds pour chausser la pantoufle, afin d'épouser le prince. Quant à Suzanne, elle n'hésite pas à généraliser en attribuant ce volontarisme cruel à tout le peuple allemand.

45. Geneviève Arbola, tante de Suzanne Marette, qui n'est son aînée que de huit ans, est une invitée permanente de la maison.

46. Sœur d'Agnès Dognin, amie d'enfance de Françoise Marette qui a pris le voile et à qui elle rend visite en 1929 à Westgate, dans son couvent.

47. Ami d'André.

48. Il semble que Françoise et Boris aient été éloignés l'un de l'autre dans la période qui suit immédiatement leur mariage, le 7 février 1942. Les pages de l'agenda n'en font pas mention, mais le 24, Françoise note : « Retour de Brochard ». Il pourrait s'agir du nom d'un médecin pour lequel elle aurait effectué un remplacement.

49. C'est ainsi qu'on désigne parfois Philippe dans la famille Marette.

50. Mme Primak est la dentiste de la famille Marette.

51. Pierre Marette et sa famille sont arrivés à Longwy. À la fin de l'été de 1943, Pierre Marette va trouver un poste dans les shampoings Cadoricin, et ils rentreront à Paris. En août 1944, Pierre participera avec d'autres à la libération du ministère de l'Air, réintégrera l'armée où il terminera sa carrière comme général de brigade, prenant part à l'expédition de Suez, durant l'été de 1956.

52. Charlotte Dauvin, nièce d'Henry Marette.

53. Il pourrait s'agir des noces d'or de Suzanne et Henry Marette, mariés depuis le 12 juin 1901.

54. Cette commémoration du 12 avril, jour de naissance de Jacqueline, décédée à dix-huit ans d'un cancer des os, est respectée depuis plus de trente ans, comme la commémoration de sa mort.

55. Station balnéaire du Var, sur la côte de l'Estérel.

56. Il semble que Françoise évoque des souvenirs d'enfance et qu'il soit question de son frère aîné, Pierre.

57. Les Nègre, André et Mimi, sont des amis de Fran-

çoise qui ont quatre enfants. Jacques, le dernier, né pendant la guerre, est le filleul de Françoise.

58. C'est à Puichéric, chez le docteur Cantier et son épouse, les parents de Mimi Nègre, que Françoise s'est réfugiée à la fin du mois de juillet 1940.

59. Jeune fille au pair qui accompagnait la famille Dolto cet été-là.

60. Le père de Marie-Claude, l'épouse de Jacques Marette.

61. Varengeville-sur-Mer se trouve à quelques kilomètres à l'ouest de Dieppe, dans la Seine-Maritime.

62. Marie-Louise Chapelot, dite Milou (voir note 22).

63. Agnès Lambert se souvient des bons moments passés à *Soledad* avec les enfants de Françoise, dont elle était proche par l'âge. Elle a fait une carrière de psychiatre et psychothérapeute.

64. Il s'agit des membres de la famille du cousin germain de Françoise, Jean-Pierre Œhmichen (1922), fils de sa tante maternelle, Geneviève Œhmichen, attendus à Soledad.

65. Directeur de l'établissement où Suzanne fait sa cure.

66. Médecin de Suzanne Marette, qui a annoncé son hospitalisation.

67. Pol Le Cœur, chirurgien orthopédique, ami de Boris Dolto.

68. Suzanne adresse sa lettre à Tignes, Haute-Savoie où Françoise s'octroie des vacances à la montagne en solitaire.

69. Le général Jacques Massu (1908-2002), ancien résistant gaulliste, a dirigé les opérations lors de la « bataille d'Alger » en janvier 1957, destinée à éradiquer le « terrorisme » du FLN. En proclamant le principe de l'autodétermination de l'Algérie (16 septembre 1959), le général de Gaulle a suscité l'hostilité des officiers et déterminé

les ultras à saisir le moindre prétexte pour rompre avec la politique de la Ve République, en profitant de l'atmosphère paroxystique de tension qui règne à Alger. Le 18 janvier 1960, un quotidien allemand publie une interview du général Massu où il déclare ne pas comprendre la politique de De Gaulle en Algérie, qui favorise les extrémismes des deux bords. Rappelé à Paris, l'officier est destitué le 23. C'est l'incident qu'attendaient les ultras de l'Algérie française : ils décrètent la grève générale à Alger pour le 24, espérant obtenir le ralliement de l'armée et abattre le pouvoir à Paris. La manifestation du 24 s'achève par l'érection de barricades. Le soir, Alger est en état d'insurrection. En dépit d'un voyage rapide du Premier ministre à Alger, le gouvernement apparaît profondément divisé. La « semaine des barricades » met véritablement en péril le règlement du conflit algérien et la survie de la Ve République. Au terme de cette grave crise, le dernier mot revient à de Gaulle, qui rappelle efficacement les militaires à leur devoir d'obéissance (discours télévisé du 29 janvier 1960) et prive les insurgés de leur soutien décisif. (Bénédicte Vergez-Chaignon).

70. Allusion au procès, ouvert à Genève le 14 janvier 1960, de Pierre Jaccoud. Pour se venger des aventures de sa jeune maîtresse avec de jeunes amants, cet avocat genevois s'en prit aux parents de l'un d'eux, blessant la mère et tuant sauvagement le père après s'être introduit chez eux. Il fut condamné à sept ans de réclusion et dix ans de privation de droits civiques par la cour d'assises de Genève.

71. L'actrice Brigitte Bardot vient de mettre au monde Nicolas, son unique enfant, et fait la une des journaux.

72. Marie-Claude, l'épouse de Jacques Marette.

73. L'un des médecins de la famille.

74. Suzanne Marette garde une certaine inquiétude pour les poumons de Philippe (voir la lettre du 26 juillet 1935).

75. Carte postale : « Rade de Villefranche-sur-Mer (A.-M.) et presqu'île de Saint-Jean-Cap-Ferrat », sur laquelle Françoise Dolto a tracé deux croix accompagnées des légendes : « la nuit » et « déjeuner régal » ; elle est adressée à : « Madame Henry Marette, château de Garches, 1 av. du Château, Garches S. et O ».

76. Suzanne Marette est décédée le 20 janvier 1962.

FRANÇOISE DOLTO

Françoise Dolto, née Marette, naît à Paris le 6 novembre 1908. Études classiques. Thèse de médecine en 1939 : « Psychanalyse et pédiatrie ». Membre fondateur de la Société psychanalytique de Paris (1939), membre fondateur de la Société française de Psychanalyse, ensuite cofondatrice, avec Jacques Lacan, de la célèbre École freudienne de Paris.

En 1942, elle épouse Boris Dolto. Ils auront trois enfants (Jean Chrysostome dit *Carlos*, Grégoire et Catherine).

Françoise Dolto est connue mondialement pour ses travaux : séminaires, essais cliniques, communications, en particulier ce qui traite de psychanalyse d'enfants. Elle est une figure populaire depuis qu'elle a animé une émission quotidienne sur France Inter au cours de laquelle elle répondait en direct aux lettres des parents qui lui confiaient leurs problèmes d'éducation des enfants. La création de la première Maison verte (dans le XVe arrondissement de Paris) fait d'elle une pionnière : elle inaugure, sur le terrain, une initiation précoce de l'enfant à la vie sociale.

Françoise Dolto est décédée le 25 août 1988.

INDICATIONS BIBLIOGRAPHIQUES

OUVRAGES DE FRANÇOISE DOLTO PUBLIÉS AUX ÉDITIONS GALLIMARD

Articles et conférences :

1. *Les étapes majeures de l'enfance* (1946-1988), textes recueillis et annotés par Claude Halmos, présentés par Catherine Dolto, 1994.
2. *Les chemins de l'éducation* (1946-1987), textes recueillis, annotés et présentés par Claude Halmos, 1994.
3. *Tout est langage* (1984), édition revue et présentée par Claude Baldy-Moulinier, Gérard Guillerault et Élisabeth Kouki, préface de Gérard Guillerault, 1994.
4. *La difficulté de vivre* (1948-1980), édition revue et présentée par Gérard Guillerault, 1995.
5. *Le féminin* (1959-1988), édition établie, annotée et présentée par Muriel Djéribi-Valentin et Élisabeth Kouki, 1998.
6. *Une psychanalyste dans la cité. L'aventure de la Maison verte* (1978-1988), ouvrage introduit par un texte de Marie-Hélène Malandrin écrit en collaboration avec Claude Schauder, et des documents d'archives de la Maison verte, 2008.

Essais :

Solitude (1962-1985), édition revue, augmentée et présentée par Gérard Guillerault, Élisabeth Kouki, Colette Manier et Alain Vanier, 1994.

Sexualité féminine. La libido génitale et son destin féminin

(1969-1985), édition établie, annotée et présentée par Muriel Djéribi-Valentin et Élisabeth Kouki, 1996.

Le sentiment de soi. Aux sources de l'image du corps (1956-1978), édition établie, annotée et présentée par Gérard Guillerault, 1997.

Entretiens :

Destins d'enfants. Adoption, familles d'accueil, travail social, entretiens avec Nazir Hamad (1984-1986), édition établie et présentée par Colette Manier, 1995.

Les évangiles et la foi au risque de la psychanalyse, ou la vie du désir (1977), Françoise Dolto et Gérard Sévérin, 1996.

L'enfant, le juge et la psychanalyste, entretiens avec Andrée Ruffo (1986 et 1987), 1999.

Les images, les mots, le corps, entretiens avec Jean-Pierre Winter (1986), 2002.

Correspondances :

Lettres de jeunesse. Correspondance 1913-1938, textes réunis et annotés par Colette Percheminier, édition revue et augmentée, 2003.

Une vie de correspondances, 1938-1988, édition établie, annotée et présentée par Muriel Djéribi-Valentin, 2005.

Séminaire :

La vague et l'océan. Séminaire sur les pulsions de mort (1970-1971), édition établie, annotée et présentée par Colette Manier, avec la participation d'Élisabeth Kouki, 2003.

Archives de l'intime, dir. Colline Faure-Poirée, édition Yann Potin, textes de Françoise Dolto, Catherine Dolto, Muriel Djéribi-Valentin, Manon Pignot, Jean-Pierre Winter, 2008.

Dans la collection « Folios Essais » :
Les chemins de l'éducation, 2000.
Les étapes majeures de l'enfance, 1998.
Sexualité féminine. La libido génitale et son destin féminin, 1999.
Solitude, 2001.
Tout est langage, 2002.

Ouvrages sur Françoise Dolto, hors collection :
Les deux corps du Moi. Schéma corporel et image du corps en psychanalyse, Gérard Guillerault, 1996.
Françoise Dolto, c'est la parole qui fait vivre. Une théorie corporelle du langage. Sous la direction de Willy Barral, et avec la participation de Marie-Claude Defores, Didier Dumas, Yannick François, Gérard Guillerault, Heitor O'Dwyer de Macedo, Juan David Nasio, 1999.
Françoise Dolto, aujourd'hui présente. Actes du colloque de l'Unesco, 14-17 janvier 1999. Ouvrage collectif, 2000.
Le miroir et la psyché. Dolto, Lacan et le stade du miroir, Gérard Guillerault, 2003.
Le Féminin. Filiations, etc. Actes des journées d'étude Françoise Dolto 2003 et 2004. Ouvrage collectif avec des contributions de Muriel Djéribi-Valentin, Catherine Dolto, Caroline Eliacheff, Gérard Guillerault, Francis Martens, Marika Moisseeff, Marie José Mondzain, Claude Schauder, Jacques Sédat, Jean-Pierre Winter, Gallimard, 2005.
Dolto/Winnicott. Le bébé dans la psychanalyse, Gérard Guillerault, Gallimard, 2007.

Enregistrements, filmographie
Françoise Dolto, trois films : *Tu as choisi de naître*, 53 mn ; *Parler vrai*, 55 mn ; *N'ayez pas peur*, 53 mn ; complété par *Maud Mannoni, Évocations*, entretien avec Maud Man-

noni réalisé en 1993, 22 minutes ; réal. Elisabeth Coronel et Arnaud de Mezamat, Gallimard/Abacaris Films, 2005.

Françoise Dolto, DVD, réal. N. Ribowski, Gallimard/Ina, coll. « Les grands entretiens de Bernard Pivot », 2003.

AU MERCURE DE FRANCE

Dans la collection « Le Petit Mercure » :

L'enfant dans la ville (1987), texte établi et annoté par Muriel Djéribi-Valentin, 1998.

L'enfant et la fête, entretien avec André Parinaud (1978), texte établi et annoté par Muriel Djéribi-Valentin, 1998.

Parler de la mort, texte (1985) établi et annoté par Muriel Djéribi-Valentin, 1998.

Le dandy, solitaire et singulier, textes (1962 et 1986) choisis, présentés et annotés par Muriel Djéribi-Valentin, 1999.

Jeu de poupées, « La poupée-fleur » (1949 et 1964) par Françoise Dolto, suivi de « Poupées de fertilité et figurines d'argile » (1960) par Pierre Roumeguère et Jacqueline Roumeguère-Eberhardt, textes choisis, présentés et annotés par M. Djéribi-Valentin, 1999.

Père et fille. Une correspondance, 1914-1938, lettres choisies et présentées par Muriel Djéribi-Valentin, notes de Muriel Djéribi-Valentin et Colette Percheminier, 2001.

Parler juste aux enfants, entretiens avec Danielle Marie Lévy (1977 à 1981), 2002.

Kaspar Hauser, le séquestré au cœur pur, préface de Muriel Djéribi-Valentin ; ce texte (1985), qui donne le titre à l'ouvrage, est suivi de « Kaspar Hauser » par Anselm von Feuerbach, extraits choisis par Muriel Djéribi-Valentin, 1998.

Parler de la solitude, textes (1975) choisis et présentés par Élisabeth Kouki, 2005.

Mère et fille. Une correspondance, 1913-1962, lettres choisies et présentées par Muriel Djéribi-Valentin, notes de Muriel Djéribi-Valentin et Colette Percheminier, 2008.

AUX ÉDITIONS GALLIMARD JEUNESSE

Paroles pour adolescents ou le complexe du homard (1988), avec Catherine Dolto, en collaboration avec Colette Percheminier, Gallimard-Jeunesse Giboulées, 2003 ; coll. « Folio junior », 2007.
Les mots de Françoise Dolto, dessins de Lionel Koechlin, Gallimard-Jeunesse Giboulées, 2008.

CHEZ D'AUTRES ÉDITEURS

Le cas Dominique (1967), Seuil, coll. « Le champ freudien », 1971 ; coll. « Points essais », 1974.
Psychanalyse et pédiatrie (1939), Seuil, 1971 ; coll. « Points essais », 1976.
Lorsque l'enfant paraît, t. I, II et III, Seuil, 1977, 1978, 1979 ; coll. « Points », 1999
Au jeu du désir (1947-1973), Seuil, coll. « Essais cliniques », 1981 ; coll. « Points essais », 1988.
Séminaire de psychanalyse d'enfants, t. I, édition réalisée avec la collaboration de Louis Caldaguès qui en signe également la préface, Seuil, 1982.
L'image inconsciente du corps, Seuil, 1984 ; coll. « Points essais », 1992.
La cause des enfants (1985), Pocket, 1995.
Séminaire de psychanalyse d'enfants, t. II, édition réalisée avec la collaboration de Jean-François de Sauverzac, Seuil, 1985.
Enfances (1978), photographies d'Alécio de Andrade, Seuil, 1986 ; coll. « Points actuels », 1988.

Dialogues québécois (1983), édition réalisée avec la collaboration avec Jean-François de Sauverzac, Seuil, 1987.

L'enfant du miroir (1985), Françoise Dolto et Juan David Nasio, Rivages, 1987; Payot, coll. « Petite bibliothèque Payot », 1992.

La cause des adolescents (1988), Pocket 1997.

Inconscient et destins. Séminaire de psychanalyse d'enfants, t. III, édition réalisée avec la collaboration de Jean-François de Sauverzac, Seuil, 1988.

Quand les parents se séparent, en collaboration avec Inès Angelino, Seuil, 1988.

Autoportrait d'une psychanalyste, 1934-1988 (1988), texte mis au point par Alain et Colette Manier, Seuil, 1989; coll. « Points actuels », 1992.

Réalisation Pao : Dominique Guillaumin

Achevé d'imprimer
par CPI-Hérissey à Évreux (27000)
en octobre 2008.
Imprimé en France.

Dépôt légal : octobre 2008
N° d'imprimeur : 109782

162851